本书撰写和出版获得教育部产学合作协同育人项目资助

U0654052

徐丽俊 著

长三角经济核心区
高端国际教育中心建设研究

Construction of
Advanced International Education Center
in the Economic Core Area of
Yangtze River Delta

上海交通大学出版社
SHANGHAI JIAO TONG UNIVERSITY PRESS

内容提要

本书主要阐述了构建长三角经济核心区高端国际教育中心的战略机遇,剖析了长三角主要城市的国际影响力、高端教育行业发展以及长三角教育一体化进程中存在的突出问题,比较了全球特大城市群高端国际教育的建设路径和成果,为以上海为核心的长三角地区建成全球高端服务业城市群提供重要支持,并给出了建设路径、政策建议与实践探索。本书适合政府决策人员及相关领域专业人士阅读和参考。

图书在版编目(CIP)数据

长三角经济核心区高端国际教育中心建设研究/徐
丽俊著. —上海:上海交通大学出版社,2021.10
　　ISBN 978 - 7 - 313 - 24780 - 3

　　Ⅰ.①长… Ⅱ.①徐… Ⅲ.①长江三角洲—国际教育
—教育中心—建设—研究　Ⅳ.①G527.5

　　中国版本图书馆 CIP 数据核字(2021)第 176769 号

长三角经济核心区高端国际教育中心建设研究
CHANGSANJIAO JINGJI HEXINQU GAODUAN GUOJI JIAOYU ZHONGXIN
JIANSHE YANJIU

著　　者:徐丽俊
出版发行:上海交通大学出版社　　　　　地　　址:上海市番禺路 951 号
邮政编码:200030　　　　　　　　　　　电　　话:021 - 64071208
印　　制:江苏凤凰数码印务有限公司　　经　　销:全国新华书店
开　　本:710mm×1000mm　1/16　　　印　　张:11.5
字　　数:158 千字
版　　次:2021 年 10 月第 1 版　　　　　印　　次:2021 年 10 月第 1 次印刷
书　　号:ISBN 978 - 7 - 313 - 24780 - 3
定　　价:58.00 元

前　言

　　随着长三角一体化发展上升为国家战略，长三角区域教育高质量发展已经成为整个长三角区域适应经济新常态、建设现代化城市、打造世界级城市群的重要战略选择。2019 年 2 月，中共中央、国务院印发《中国教育现代化2035》，明确实现教育现代化的实施路径，要求各地区各部门结合实际认真贯彻落实。通过研究教育自身发展的规律，找准长三角经济核心区在一体化建设和发展中的定位和价值，并从制度建设、机构建设、实施措施等方面分析和构建其支撑力和贡献度，显得尤为重要。

　　在大力发展教育的基础上，对长三角高质量一体化发展提出了更高的要求，特别是如何建立长三角经济核心区高端国际教育中心，更好地发挥上海的龙头核心作用，整合苏浙两省资源，切实推动长三角相关服务产业的一体化协同发展，努力构建结构优化、服务优质、布局合理、融合共享的现代服务业体系，提升以"上海服务"为首的品牌影响力，发挥服务业在经济转型升级中的主导作用，巩固长三角在全国服务业发展中的优势地位，进一步增强长三角经济核心区的国际综合竞争力。

　　本书主要研究在我国经济转型与技术创新趋势的影响下，如何促进长三角经济核心区高端教育的创新发展，打造新时代教育全面深化改革的新标杆；如何抓住机遇，借助上海的教育产业优势，整合长三角相关产业的主体资源,打造长三角经济核心区乃至全球主要的高端国际教育中心,为我国高端服务业的改革做出积极探索。具体而言,主要包括以下几方面内容。

(1)长三角是我国经济发展最活跃、开放程度最高的区域之一,在国家现代化建设大局和全方位开放的格局中具有举足轻重的战略地位。推动长三角经济核心区高端国际教育中心的建立和发展有助于增强创新能力和竞争能力,提高经济聚集度、区域连接性和政策协同效率,对引领全国教育高质量发展、建设现代化经济体系意义重大。

(2)当前,我国发展的内部条件和外部环境正在发生深刻复杂的变化。向外看,世界正经历百年未有之大变局,国际经济、科技、文化、安全、政治等格局都在发生深刻调整,世界进入变革期,这意味着我国必须做好应对一系列外部风险和挑战的准备。向内看,我国迈向全面建设社会主义现代化国家和推动高质量发展的新发展阶段,但社会发展不平衡、不充分等问题仍然突出。长三角经济核心区高端国际教育中心建设必然需要新发展理念的支持,在建设的进程中提升资源配置能力和国际竞争力,切实把握教育立国这个根本,为支持经济稳定增长发挥更大作用。

(3)站在时代新起点上,党和政府对高端教育十分重视并给予战略性支持,高等教育转型和高等院校自身发展的迫切需要,都要求建设好高水平大学。高水平大学建设是一个系统工程,必须要有高水平的人才培养、高水平的学科建设、高水平的师资队伍、高水平的国际交流合作、高水平的管理服务和高质量的党建引领,贯穿着认识新发展阶段、贯彻新发展理念、构建新发展格局这样一条鲜明的逻辑线索,需要长三角经济核心区各相关方的共同努力。

(4)在新时代下,随着长三角产业升级、产业结构优化和信息化的广泛应用,催生了互联网、大数据、云计算、物联网、人工智能、电子竞技等行业及相关职业。建设长三角经济核心区高端国际教育中心要紧跟中央的"长三角发展纲要"和"职业教育"等方针,保持知识成才、技能报国的教育初心,把握时代机遇,结合产业发展、产业人才和产业融合的需求，政府、高校和企业多方达成人才共建协议，打造一条具有特色的高端教育人才培养之路，为国家、为社会输送更多高水平、专业技能型紧缺人才。

（5）针对具体的高端国际教育专业的建设问题，进行一定的实践探索，以金融财会专业为例，研究国际一流的国际商学院协会（The Association to Advance Collegiate Schools of Business，AACSB）工商管理认证体系，提出适应长三角经济核心区普通高校建设发展路径的商学院专业教育建设体系两层架构，旨在助力长三角地区地方性高校探索和定位其教育特色，从制度和流程上提升和持续改进学科建设能力、教学管理能力和整体教育水平。

本书是上海市人民政府决策咨询研究项目（项目编号：2019－GR－50）的研究成果，由2021年教育部产学合作协同育人项目资助出版。衷心感谢上海师范大学商学院茆训诚教授，在本书撰写过程中帮助良多，让笔者时时铭念感恩。

在撰写本书过程中，还遇到了很多良师益友。特别是上海师范大学商学院金融系姚亚伟老师、赵金实老师，上海外国语大学贤达经济人文学院麦凯文老师和美国西北大学凯洛格商学院博士生王君榆，以及参考文献中相关研究的多位学者，他们对我的指导和鼓励，或赠材料，或赐教，或以其他方式提供帮助，一直铭感于心，在此一并致谢。

目　录

第 1 章

中国建设高端国际教育中心的战略机遇

据国家统计局数据,2020 年年末全国人口共 141 178 万人,其中城镇常住人口 90 199 万人,占总人口比重为 63.89%。与 2010 年相比,常住人口城镇化率提高了 14.21%,比上一个十年的增幅又上升了 0.75%。中国城镇化进程正式迈入中后期阶段,在此阶段,区域经济将加速融合,区域经济一体化发展进程将加快,城市群将日益成为区域经济一体化的主要形态。在此背景下,应以区域一体化合作发展为主题,以汇聚智慧、聚焦热点、交流合作、发展共赢、战略协同、突破创新为宗旨,汇聚全球智慧,围绕区域合作与发展问题充分合作与交流,拓宽视野,创新思路,为全球区域一体化合作与发展贡献智慧与方案。

1.1 高端国际教育的概念界定

本书中高端国际教育是指在完成中等教育的基础上进行的专业教育和职业教育,是培养具有国际化视野的高级专门人才和职业人员的主要社会活动,包含高等教育、列入政府紧缺人才培养计划的职业教育和面向中高层管理者的继续教育等,涉及以国际化、高层次的学习与培养、教学、研究和社会服务为主要任务和活动的各类教育机构。本书主要以高等教育为例。

1.2 中国高等教育发展现状

在党中央、国务院领导下,我国教育系统坚持以习近平新时代中国特色社会主义思想为指导,深入贯彻党的十九大和十九届二中、三中、四中全会精神,全国教育大会精神,以及党的教育方针,全面落实《中国教育现代化 2035》《加快推进教育现代化实施方案(2018—2022 年)》,加快推进教育现代化,建设教育强国,办好人民满意的教育,特别是高端教育事业发展取得了新进展。

1.2.1　全国高等教育院校与机构数量稳步增长

教育部《中国教育概况——2019 年全国教育事业发展情况》数据显示,2019 年,全国共有高等学校 2 956 所,(见表 1.1),普通高等学校 2 688 所(含独立学院 257 所),比 2018 年增加 25 所,年增长率 0.94%。其中,本科院校 1 265 所,比 2018 年增加 20 所;高职(专科)院校 1 423 所,比 2018 年增加 5 所。研究生培养机构 828 个,其中普通高等学校 593 所,科研机构 235 个。

表 1.1　2019 年高等教育学校数量、教职工、专任教师情况

	学校数(所)	教职工数(人)	专任教师数(人)
(一)研究生培养机构	828	—	—
1. 普通高校	593	—	—
2. 科研机构	235	—	—
(二)普通高等学校	2 688	2 566 705	1 740 145
1. 本科院校	1 265	1 866 619	1 225 310
其中:独立学院	257	159 432	120 617
2. 高职(专科)院校	1 423	699 400	514 436
3. 其他普通高教机构	21	686	399
(三)成人高等学校	268	36 088	20 641
(四)民办的其他高等教育机构	784	18 782	8 580

资料来源:http://www.moe.gov.cn/s78/A03/moe_560/jytjsj_2019/qg/202006/t20200611_464804.html。

1.2.2　普通高校教师学位层次构成持续提高

2019 年,全国普通高等学校专任教师达 174.01 万人,比上年增加 6.7 万人,增长 4%。普通高等学校教职工 256.67 万人,比 2018 年增加 7.92 万人,增长 3.18%。普通高校生师比为 18∶1,其中,本科院校为 17.4∶1,与 2018 年持平;高职(专科)院校生师比为 19.2∶1,比 2018 年增涨 1.35%。普通高校研究生学位教师比例为 75%,比上年提高 1.4 个百分点。其中,普通本科院校为 84.9%,比上年提高 1.2 个百分点;高职(专科)院校为 51.5%,比上年提高 1.6 个百分点。2019 年,全国普通高校高级专业技术职务教师比例为43.4%,比上年提高 0.2 个百分点。

1.2.3　高等教育在学总规模和毛入学率逐年稳步增长

如图 1.1 所示,2019 年全国各类高等教育在学总规模达 4 002 万人,比上年增加 169 万人,包括研究生、普通本专科、成人本专科、网络

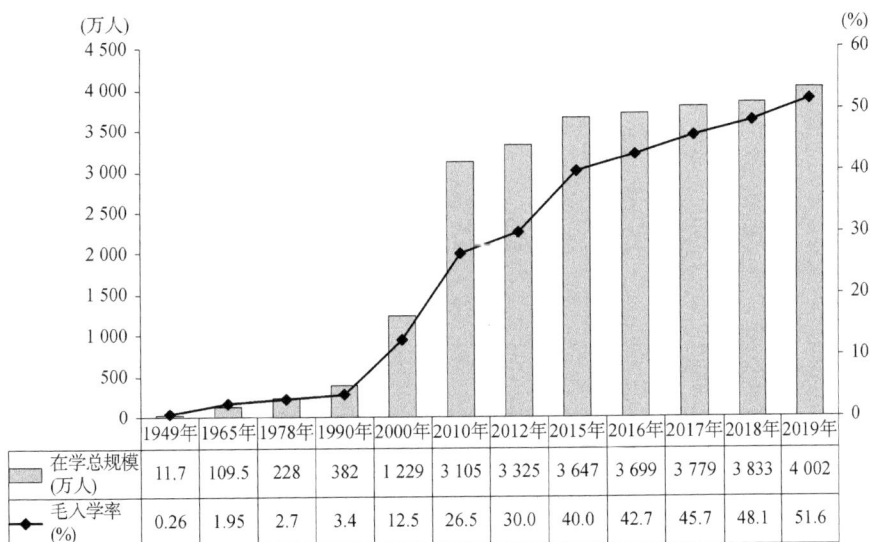

	1949年	1965年	1978年	1990年	2000年	2010年	2012年	2015年	2016年	2017年	2018年	2019年
在学总规模 (万人)	11.7	109.5	228	382	1 229	3 105	3 325	3 647	3 699	3 779	3 833	4 002
毛入学率 (%)	0.26	1.95	2.7	3.4	12.5	26.5	30.0	40.0	42.7	45.7	48.1	51.6

图 1.1　高等教育在学总规模和毛入学率

资料来源:教育部:《2019 年全国教育事业发展统计公报》,http://www.moe.gov.cn/jyb_sjzl/sjzl_fztjgb/202005/t20200520_456751.html。

本专科、高等教育自学考试本专科等各种形式的高等教育在学人数。高等教育毛入学率达到 51.6%，比 2018 年提高 3.5 个百分点，迈入普及化发展阶段。

1.2.4 高等教育各类学历教育学生数量增长迅猛

2019 年，全国在学研究生达 286.4 万人，比上年增加 13.2 万人，增长 4.8%。其中，在学博士生 42.4 万人，在学硕士生 244.0 万人。全国普通本专科在校生 3 031.53 万人，比 2018 年增加 200.49 万人，增长 7.08%；成人本专科在校生 668.56 万人，比 2018 年增加 77.57 万人，增长 13.13%（见表 1.2）。

表 1.2　2019 年高等教育各类学历教育学生情况

单位：人	毕业生数	招生数	在校生数
（一）研究生	639 666	916 503	2 863 712
博士	62 578	105 169	424 182
硕士	577 088	811 334	2 439 530
（二）普通本专科	7 585 298	9 149 026	30 315 262
本科	3 947 157	4 312 880	17 508 204
专科	3 638 141	4 836 146	12 807 058
（三）成人本专科	2 131 369	3 022 088	6 685 603
本科	1 016 733	1 505 520	3 413 174
专科	1 114 636	1 516 568	3 272 429
（四）网络本专科生	2 323 128	2 885 458	8 578 345
本科	801 508	1 006 897	2 941 610
专科	1 521 620	1 878 561	5 636 735

资料来源：《各级各类学历教育学生情况》，教育部发展规划司 2020 年 6 月 11 日发布，http://www.moe.gov.cn/s78/A03/moe_560/jytjsj_2019/qg/202006/t20200611_464803.html。

2019 年，全国研究生招生 91.65 万人，比上年增加 5.9 万人，增长 6.8%，其中，招收博士生 10.52 万人，招收硕士生 81.13 万人。2019

年,招收专业学位博士研究生 10 386 人,占博士研究生招生人数的
9.9%,比上年提高 2.8 个百分点;招收专业学位硕士研究生 47.4 万
人,占硕士研究生招生总数的 58.5%,比上年提高 0.8 个百分点。2019
年,毕业研究生 63.97 万人,其中,毕业博士生 6.26 万人,毕业硕士生
57.71 万人。

2019 年,普通本专科招生 914.90 万人,比上年增加 123.91 万人,
增长 15.67%;毕业生 758.53 万人,比上年增加 5.22 万人,增长
0.69%。另有五年制高职转入专科招生 46 万人;专科起点本科招生
31.75 万人。成人本专科招生 302.21 万人,比上年增加 28.90 万人,增
长 10.57%;毕业生 213.14 万人,比上年减少 4.60 万人,下降 2.11%。
全国高等教育自学考试学历教育报考 596.37 万人次,取得毕业证书
48.98 万人。

2019 年,含普通本专科在校生,不含分校点数据,全国普通高校校均
规模为 11 260 人,比上年增加 655 人。其中,普通本科院校为 15 179 人,
比上年增加 283 人;高职(专科)院校为 7 776 人,比上年增加 939 人。

1.2.5　普通高校办学条件不断改善

如表 1.3 所示,2019 年普通高等学校校舍建筑面积达 101 248.41
万平方米,比上年增加 3 534.85 万平方米,含当年新增校舍 2 922.65 万
平方米;教学科研仪器设备总值 6 095.08 亿元,比上年增加 562.02
亿元。

表 1.3　2019 年高等教育校舍情况(总计)　　　　单位:平方米

	学校产权校舍建筑面积		正在施工校舍建筑面积
	合计	其中:当年新增校舍	
总　　计	1 012 484 125.2	29 226 519	67 827 221.73
(一)教学及辅助用房	398 605 150.3	13 545 591	36 810 752.43
教室	136 296 242.8	3 514 729	7 670 194.17

（续表）

	学校产权校舍建筑面积		正在施工校舍建筑面积
	合计	其中：当年新增校舍	
图书馆	47 238 839. 8	1 102 391	4 181 987. 37
实验室、实习场所	155 114 775. 9	6 280 288	15 035 015. 45
专用科研用房	25 072 169. 54	1 393 502	5 943 529. 43
体育馆	26 461 516. 98	1 025 434	3 115 529. 25
会堂	8 421 605. 19	229 247. 2	864 496. 76
（二）行政办公用房	51 614 740. 77	1 323 372	2 136 218. 02
（三）生活用房	336 750 346. 1	10 822 996	20 408 666. 37
学生宿舍（公寓）	249 122 466. 1	8 155 987	13 786 542. 22
学生食堂	34 888 546. 65	1 019 811	1 979 775. 3
教工宿舍（公寓）	24 282 356. 34	872 860. 7	2 861 111. 22
教工食堂	2 004 069. 46	51 782. 81	175 104. 15
生活福利及附属用房	26 452 907. 57	722 553. 8	1 606 133. 48
（四）教工住宅	89 576 488. 44	1 657 639	3 752 791. 97
（五）其他用房	25 651 399. 55	1 876 922	4 718 792. 94

资料来源：《高等教育校舍情况（总计）》，教育部发展规划司 2020 年 6 月 10 日发布，http://www. moe. gov. cn/s78/A03/moe _ 560/jytjsj _ 2019/qg/202006/t20200610 _ 464566. html。

2019 年，全国普通高校生均教学科研仪器设备值为 16 264 元，比上年增长 3.5%。其中，普通本科院校为 19 455 元，比上年增长 6.4%；高职（专科）院校为 9 562 元，比上年下降 3.2%。2019 年，全国普通高校每百名学生拥有教学用计算机 26.1 台，比上年减少 0.9 台。其中，普通本科院校 26.2 台，比上年减少 0.4 台；高职（专科）院校为 25.6 台，比上年减少 1.9 台。普通高校校均上网课程为 262.3 门，比 2018 年增加 28 门。其中，本科院校校均上网课程为 345.9 门，比 2018 年增加 40.9 门；高职（专科）院校校均上网课程 188.9 门，比上年增加 16.6 门。

1.3　中国建设高端国际教育中心的 SWOT 分析

改革开放以来,中国高端教育事业发生了历史性变革,取得了令人瞩目的成就,也比历史上任何时期都更需要建设世界级的教育强国。下面用 SWOT 分析当前中国建设高端国际教育中心面临的内部条件和外部环境。

1.3.1　科研人员规模全球第一

人才是发展的根本,是创新的第一资源。现阶段,中国进入人力资源红利释放的黄金时期,已形成如下优势。

(1) 科研人员规模全球第一,人员结构呈金字塔形。当今,中国已迈入世界科技大国的行列,成为全球第一科技人力资源大国。中华人民共和国成立以来,中国科技人力资源总量从 1949 年的 26 万人增长到 2018 年的 10 154.5 万人,增长了约 390 倍,规模继续保持世界第一,为国家经济事业发展提供了强有力的智力支撑。

我国科技人力资源学历呈金字塔形结构,普通高等教育依然是科技人力资源培养的最主要渠道。目前,专科层次科技人力资源为主体,但近几年本科层次科技人力资源的增量和增速均超过专科,可以预见未来科技人力资源学历结构将进一步优化。同时,我国科技人力资源中,39 岁及以下人群超过 3/4,整体队伍年轻,发展潜力较大。

(2) 中国留学生毕业后在外“停留率”大幅下降,筑得良巢引凤来。随着中国经济快速发展和研发环境的持续优化,越来越多的海外学子和海外人才在“磁场”的强大引力下归国,积极投身到国家经济发展事业中,海外人才回流趋势明显。

“十二五”期间中国回国人才超过 110 万,各类人才加速聚集有力地壮大了我国科研人员队伍。“十三五”期间海归人才的回流热潮,是产业变迁的缩影,也是国内机遇奔涌的生动体现。根据教育部最新数据,2016—2019 年,中国出国留学人数为 251.8 万人,回国 201.3 万人,占比达八成。2020 年美国国家科学委员会（National Science Board，NSB）发布的《科学技术与工程指标报告之 2020 版》指出，2016—2018 年，在美国高校进行科学与工程领域学习的研究生人数有所增加，但在美国获得科学与工程博士学位的中国留学生，毕业后在美国的 5 年"停留率"从 2013 年的 93％下降到 2017 年的 84％。

"十三五"期间，面对祖国创新发展理念的呼唤，海归智力回流也迸发出强劲的内生动力，成为"大众创业、万众创新"的重要力量，展示出"中外合璧"的创新驱动力，为"中国智造"这张名片更添亮丽色彩。以上海为例，"十三五"期间，上海累计引进留学人员 6.7 万余人，比"十二五"增加了 1 倍多，其中 80％的海归毕业于世界排名前 300 位的知名院校。至此，在上海工作、创业的海归累计已逾 20 万人。

"十三五"期间，全国各地的引才力度持续加码，为鼓励留学人员回国创新创业广开渠道，并提供全方位服务。特别是我国海外高层次人才引进计划等一系列海外引才计划效果彰显，通过优良的科研环境和有效的激励机制已成功引进众多资深科学家和重量级专家，成为推动中国科学技术和经济发展的生力军和领跑者。

1.3.2 科研经费投入持续增长

随着中国经济的蓬勃发展和国家科技事业重要程度的不断提升，我国科研经费投入规模和增速均位居世界前列，为中国科技事业发展提供了重要支撑。

2020 年 2 月，美国国家科学委员会发布的《科学技术与工程指标报告之 2020 版》指出，美国继续在全球研究与试验发展投入中占最大份额，在全球研发密集型产业产出中占最大份额，授予最多数量的科学与工程博士学位，并在全世界科学与工程领域论文和高被引论文中占重要位置。但其他国家，特别是中国，正在迅速发展其科学技术能力。报告特别指出，不断变化的全球格局影响着美国相对于其他主要经济体的地位。

研发支出是反映国家创新投入水平的核心指标。全球的研发支出已经从 2000 年的 7 220 亿美元增长到 2017 年的 2.2 万亿美元,中美的研发支出之和几乎贡献了全球研发总投入的半壁江山。2017 年,美国研发总支出约占全球的 25%,中国紧随其后,成为仅次于美国的全球第二大研发经费投入国家,约占 23%,仅 2% 的差距。与此同时,中国科技经费投入表现出巨大的增长潜力,但自 2000 年以来,美国的研发支出占全球的比重一直呈下降趋势。

2020 年 8 月,国家统计局、科技部和财政部联合发布的《2019 年全国科技经费投入统计公报》显示,2019 年我国科技经费投入表现出三个突破。

第一个突破是全国共投入研发经费突破 2 万亿元,达 22 143.6 亿元,比上年增加 2 465.7 亿元,按不变价计算,增速达到 12.5%,连续 4 年保持两位数增长,成为世界研发投入增长的最大贡献者。同时,研发经费投入强度(与国内生产总值之比)为 2.23%,较 2018 年提高 0.09个百分点,为 2012 年以来最大增幅,且这一数字达到历史新高,超过 2018 年欧盟 15 国平均水平。

第二个突破是自 2012 年以来,基础研究经费占比稳步提高,从 2015 年突破 5%,直到 2019 年基础研究经费占研发经费比重首次突破 6%,较上年增长 22.5%,为 2012 年以来最高增速。这离不开国家对基础研究给予的前所未有的重视和支持。2018 年,国务院印发《关于全面加强基础科学研究的若干意见》后,科技部牵头颁布了多项加强基础研究的政策,其中特别强调加大基础研究经费投入力度,拓展和完善基础研究投入渠道。2019 年,我国基础研究经费为 1 335.6 亿元,比上年增长 22.5%,占研发经费比重为 6.03%。高等学校、政府属研究机构和企业的基础研究经费分别为 722.2 亿元、510.3 亿元和 50.8 亿元,分别比上年增长 22.4%、20.6% 和 51.6%。其中,高等学校和政府属研究机构对全社会基础研究经费增长的贡献分别为 54.0% 和 35.6%,比上年提高 2.9 和 1.9 个百分点(见表 1.4)。

表 1.4　2019 年我国基础研究经费按活动主体的情况分布

	总计	高等学校	政府属研究机构	企业
基础研究经费(亿元)	1 335.6	722.2	510.3	50.8
年增长率(%)	22.5	22.4	20.6	51.6

资料来源:http://www.most.gov.cn/xxgk/xinxifenlei/fdzdgknr/kjtjbg/kjtj2020/202009/P020200917363989375844.pdf.

第三个突破则是国家财政科学技术支出突破 1 万亿元,达到 10 717.4 亿元。其中,中央财政科学技术支出 4 173.2 亿元,比上年增长 11.6%,为 2012 年以来最高增速,占财政科学技术支出的比重为 38.9%,为推动科学技术高质量发展奠定了坚实基础。

党的十九大以来,科技部门密集出台了一系列鼓励和支持创新创业的政策措施,这些政策相继贯彻落实,在创新链的投入端实质性地加大了对研发和创新活动的支持力度。三个突破成绩的取得,表明我国的科技经费投入为落实创新驱动发展战略提供了强有力的支持和保障,创新型国家建设迈入历史新阶段。此外,我国已发展成为世界第二大经济体,经济在保持中高速增长的同时持续优化经济结构、转变发展方式和转化增长动能,为我国经济持续健康发展注入了新力量,也为未来我国研发经费投入持续增加奠定了更加牢固的经济基础。

1.3.3　中国科学和工程类出版物数量继续位居全球首位

2018 年,中国科研人员共发表 52.83 万篇科学与工程类论文,科学和工程类论文等出版物的产出数量在全球继续保持首位。2020 年 1 月,美国国家科学基金会发布的《2020 年全球科学与工程指标报告》显示,中国在工程领域的论文产量超过了美国和欧盟,工程领域的出版物产量甚至是美国的两倍以上。从论文等出版物的引文影响力看,中国的论文影响力指数从 2000 年的 0.4 上升到 2016 年的 1.1,尽管目前中国出版物的引文影响力低于美国和欧盟,但正在迅速上升。

2018 年,在全球研发密集度最高的行业中,全球增值产值超过 3.2

万亿美元。2003—2018 年,美国产出的全球份额从 38% 下降到 32%,欧盟和日本的全球份额也在下降,而中国的份额迅速上升,从 6% 提升到 21%。在化学品(不包括药品)、运输设备(不包括飞机)、电气和其他机械设备、信息技术服务以及科学仪器等中高研发密集型行业中,2018 年的全球产出接近 5.8 万亿美元。2003—2018 年,美国产出的全球份额略有下降至 22%,而中国占全球产量上升至 26%,同期欧盟和日本的份额也有所下降。此外,许多知识和技术密集型行业都依赖的超级计算机,是反映一个国家科学技术能力,尤其是开发人工智能能力的重要指标,在 2010—2019 年,中国在全球百台最强大的计算机中所占的份额从 5% 上升至 9%。

全球无重复度量的专利族指标,尤其是各主要创新国家在全球专利族中所占的份额反映着各国的专利创新能力。近年来,中国的专利数量一直大幅领先,居全球首位。2018 年,中国、日本、韩国的专利族占比位列全球前三,其中,中国贡献了全球 49% 的专利族。

1.3.4　高端教育规模稳步发展,结构逐步优化

高等教育红利加速释放为未来我国科研人员队伍建设储备了坚实力量。2019 年 2 月,中共中央办公厅、国务院办公厅印发的《加快推进教育现代化实施方案(2018—2022 年)》提出加快"双一流"建设,推进高等教育内涵发展。2019 年,我国高等教育规模稳步发展,结构逐步优化,迈入普及化发展阶段,教师队伍和学校办学条件得到进一步改善。随着我国教育事业的迅猛发展,高等教育人口规模不断扩张,全社会受教育程度明显提升。

在数字时代的文化转型中,未来的企业要灵活且适应变化,需重新构建管理劳动力需求的方式,并以标准方式投资工人的技能,逐步加强高端职业教育。数字化转型引领企业的发展未来。2017 年,59% 的全球组织处于数字化转型的第二至第三阶段;2020 年,基本实现数字化,50% 的技术支出与信息和数据相关;2022 年是创新实现阶段,80% 的销售增长来源于数字化的产品和服务;2027 年是实现全面数字化转型阶

段,75%的组织实现全方位数字化转型。有关数字化的重要性以及其在业务中所处位置的讨论需要在组织的各个级别中进行。企业领导者需与员工进行沟通,了解他们的方向和目标,并制定政策和培训计划,允许员工提高自身的技能。未来的政府应重新优化传统的高端职业教育系统,将重点分设在软技能、硬技能和学术知识上;应促进终身学习,并建立诸如教育账户之类的社会保障计划,使个人能够为自己的技能提升支付费用。未来的个人应以年轻的心态看待自己的工作,始终寻找学习和成长的方法,并为自己的生活增添价值,通过高端职业教育系统终身学习适当的技能。

1.3.5 教育投入总额逐年增加

改革开放以来,我国经济快速发展,国际地位不断提高,步入 21 世纪之后我国又加入了 WTO。我国在不断的发展中渐渐意识到教育对一国发展的重要作用,并提出了科教兴国和人才强国战略,强调自主创新能力在竞争中的重要地位,这些都与教育密切相关。

根据教育部发布的《2020 年全国教育经费执行情况统计快报》,经初步统计,2020 年全国教育经费总投入为 53 014 亿元,比上年增长 5.65%。其中,国家财政性教育经费为 42 891 亿元,比上年增长 7.10%。2020 年全国高等教育经费总投入为 13 999 亿元,比上年增长 3.99%。其中,普通高职高专教育经费总投入为 2 758 亿元,比上年增长 14.73%。

根据此数据测算,2020 年政府对教育投入占 GDP 比重,继 2014 年突破 4%之后,连续 7 年保持在 4%以上,并首次突破 5 个百分点,达 5.21%。根据世界银行最新数据,全球教育开支占 GDP 比重均值为 4.487%。1999 年我国只有 1.9%,远不及世界平均水平。经过多年发展,我国教育投入占比已超越国际平均水平。足以看出,中国政府对教育高度重视,加速弥补对教育投入的历史性欠账,努力办好教育这个重要的民生事业,构建合理的教育投资结构,推动教育优先发展。

第 *2* 章

长三角经济核心区高端国际
教育中心建设的战略机遇

　　随着长三角一体化发展上升为国家战略,长三角区域教育更高质量一体化发展,已经成为整个长三角区域适应经济新常态、建设现代化城市、打造世界级城市群的重要战略选择。

　　2018 年 11 月 5 日,国家主席习近平在首届中国国际进口博览会开幕式发表演讲时提到,将支持长江三角洲区域一体化发展并上升为国家战略,着力落实新发展理念,构建现代化经济体系,推进更高起点的深化改革和更高层次的对外开放,同"一带一路"建设、京津冀协同发展、长江经济带发展、粤港澳大湾区建设相互配合,完善中国改革开放空间布局①。2019 年 5 月,习近平总书记主持召开中央政治局会议,审议《长江三角洲区域一体化发展规划纲要》(简称《长三角规划纲要》),会议指出长三角一体化发展具有极大的区域带动和示范作用,要紧扣"一体化"和"高质量"两个关键,带动整个长江经济带和华东地区发展,形成高质量发展的区域集群。在长江经济带发展成为国家战略后,将长三角区域一体化发展上升为国家战略,是一种战略叠加和战略升华,完善了我国区域协调发展战略体系②。2019 年 5 月 13 日,《长三角规划纲要》经中共中央政治局会议通过,由中共中央、国务院于 2019 年 12 月印发。

---

① 资料来源:http://www.xinhuanet.com/world/ciie2018/jbhkms/index.htm。
② 资料来源:http://www.xinhuanet.com//video/2019-05/13/c-1210132974.htm。

2.1 长三角经济核心区高端国际教育中心建设的战略背景

长三角地区是中国经济发展最活跃、开放程度最高、创新能力最强的区域之一,也是公认的世界第六大城市群。本书研究的长三角经济核心区仅覆盖浙江省、江苏省和上海市"两省一市"。随着《长三角规划纲要》正式发布,长三角一体化发展进入快车道,通过对科创产业、基础设施、生态环境、公共服务等领域的一体化创新实践,探索一条以城市群为主体的区域一体化特色发展之路。

2.1.1 立足长三角,全面建成高品质世界级城市群

我国经济发展的总体规划战略是以三大城市群为核心、各大次级经济圈为纽带、省会城市为节点的城镇化发展轨迹。而在三大城市群中,京津冀是以首都都市圈为核心,长三角是以上海为核心的城市群格局,珠三角是粤港澳大湾区的湾区战略。以上海为首的长三角经济核心区从经济基础、对外贸易、地方政府支持和国际联系度及国际影响力来看均是中国首屈一指的一线城市群。

长三角一体化发展上升为国家战略,这是继"一带一路"、长江经济带、雄安新区开发、粤港澳大湾区之后的又一国家规划发展战略。以上海为中心的长三角经济核心区是世界六大城市群之一,在全球都市圈格局中极具竞争力,具有建设高端国际教育中心的优质基础。

2019 年 12 月 1 日,中共中央、国务院印发《长三角规划纲要》,并发出通知要求各地区各部门结合实际认真贯彻落实。作为长三角一体化战略顶层设计,《长三角规划纲要》明确长三角"一极三区一高地"的战略定位,长三角在全国改革开放空间布局中的地位更加清晰①。《长三角规划纲要》的印发意味着长三角区域必将迎来突破性的发展,而区域经济一体化发展离不开人才的支撑,各类人才的需求势必大幅提高。

---

① 资料来源:http://www.gov.cn/zhengce/2019 - 12/01/content_5457442.htm。

2019 年 2 月,中共中央、国务院印发《中国教育现代化 2035》,明确了实现教育现代化的实施路径,并发出通知要求各地区各部门结合实际认真贯彻落实。2020 年 1 月,全国教育工作会议在北京召开。会议强调,要高举中国特色社会主义伟大旗帜,以习近平新时代中国特色社会主义思想为指导,深入贯彻党的十九大和十九届二中、三中、四中全会精神,认真落实习近平总书记关于教育的重要论述,按照"五位一体"总体布局和"四个全面"战略布局,增强"四个意识",坚定"四个自信",坚决做到"两个维护",坚持稳中求进工作总基调,坚持高质量发展,坚持和加强党对教育工作的全面领导,全面贯彻党的教育方针,坚持发展抓公平、改革抓体制、安全抓责任、整体抓质量、保证抓党建,更加注重防范和化解风险,提高教育治理水平,加快教育现代化,建设教育强国,办好人民满意的教育,为决胜全面建成小康社会贡献力量[①]。

通过研究教育自身发展的规律,找准长三角一体化建设和发展中的定位和价值,并从制度建设、机构建设、实施措施等方面,分析和构建其支撑力和贡献度。在发展教育的基础上,努力构建结构优化、服务优质、布局合理、融合共享的现代服务业体系,提升"上海服务"的品牌影响力,进一步发挥服务业在长三角经济转型升级中的主导作用,进一步巩固长三角经济核心区在全国服务业发展中的优势地位,进一步增强长三角服务业的国际综合竞争力。

2.1.2　国家产业结构优化升级,助推高端教育改革新方向

长三角紧跟《长三角规划纲要》及国家教育方针,秉承需求与责任的办学理念,保持成才、报国的教育初心,抓住时代风口,结合产业发展需求、产业人才需求、产业融合需求,达成长三角经济核心区人才共建协议,成立特色高端国际教育中心,共同为国家、为社会培养和输送紧缺型高端人才,奏响高端教育新篇章。

---

① 资料来源: http://www.moe.gov.cn/jyb-xwfb/gzdt-gzdt/moe-1485/202001/20200111-415187.html。

如今,我国产业升级和经济结构调整不断加快,各行各业对技术技能人才的需求越来越紧迫,高端教育的重要地位和作用越来越凸显。在这一背景下,应全面引入创新型特色教育的全新模式,升级专业教学体系,打造智能化课程,破解产教融合的困局,推进长三角区域一体化高端人才教育模式升级。具有产教融合特色的高端国际化人才培养方向,也将助力长三角区域新型产业的快速发展。

在此基础之上,落实贯彻高端职业教育"1＋X"政策,与时俱进,全面整合长三角经济核心区的办学优势和各类资源,继续创新人才培养模式,着力推进复合型高端人才的培育建设。同时,打造和升级高水平、专业化的产教融合实训基地,利用更优质的高端教育,培养更多专业应用型国际化人才,助力长三角教育一体化发展,让高端教育充分服务区域经济和社会的发展,为祖国培育更多"匠心"人才。

2.2 长三角经济核心区高端国际教育中心建设的比较优势

建设高端国际教育中心,长三角经济核心区迫切需要具有一定国际影响力的城市分工协作、共同建设,进一步深度对接、深度融合。哪些省份(省、自治区、直辖市)具有一定的国际影响力,特别是哪些城市在高端国际教育领域未来的发展值得期待,具有重要作用? 如何判断一座城市的地位? 根本上是看它综合实力与地方特色。下面将利用宏观大数据对国内主要省份进行分析。

2.2.1 人均地区生产总值

经济是基础。第一个大数据是人均地区生产总值,是国内生产总值的绝对值与该年平均人口的比值。通过衡量一个国家或地区每个居民对该国家或地区的经济贡献,能直观地评估一个省份的综合经济实力。2018 年全国所有省份人均地区生产总值共计 2 005 320 元/人(2018 年数据为根据第四次全国经济普查资料修订后数据);2019 年人均地区生产总值共计 2 146 287 元/人,较 2018 年增长 7.03％。2018—2019 年国内主要省份人均地区生产总值和年增长率如图 2.1 所示。

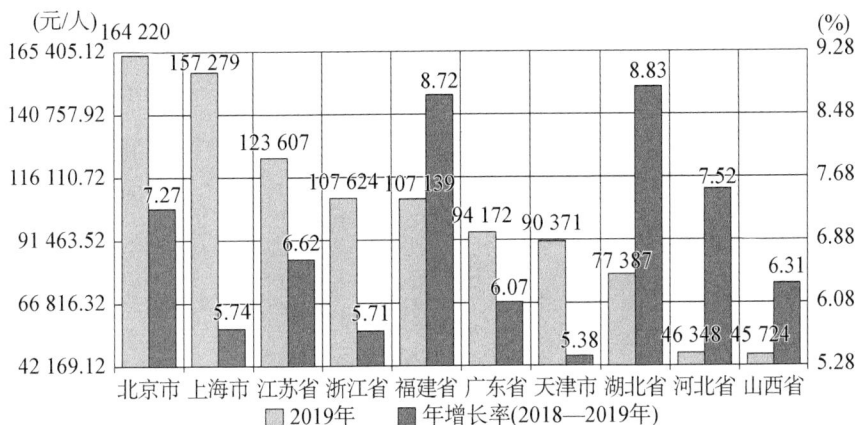

图 2.1　2018—2019 年国内主要省份人均地区生产总值和年增长率

资料来源：根据国家统计局公开数据整理绘制。

2019 年,人均地区生产总值达到 10 万元级的省份只有北京市、上海市、江苏省、浙江省和福建省 5 个省份,广东省排名第 6。开放度较高的北上广 3 个省份的人均地区生产总值加起来达到 415 671 元/人,占了全国所有省份总额的 19.37%。

以上海为首的长三角经济核心区人口腹地超过京津冀和珠三角地区,3 个省份加起来人均地区生产总值达到 388 510 元/人,占了全国总额的 18.10%,排名稳居全国第一,且超过北京市和广东省之和。同时,上海以 157 279 元/人的人均地区生产总值在长三角地区具有绝对的优势。江苏省与浙江省 2019 年人均地区生产总值分别达到 123 607 元/人和 107 624 元/人,在长三角经济核心区的辐射引领下,达到较高的量级。另外,浙江省是外贸大省,拥有宁波、义乌、温州等蜚声海外的外贸城市,和国际世界的贸易往来十分密切,其进出口额比四川省的 4 倍还要多。

仅次于北京市和长三角地区的是福建省,排名第 5,2019 年人均地区生产总值达到 107 139 元/人,是邻近省份江西省 53 164 元/人的两倍,可见福建省有较强的经济综合实力。同时,福建省 2018—2019 年人均地区生产总值增长率较高,达 8.72%,超过同期的全国平均增长率。

2019 年,人均地区生产总值仅次于长三角、京津冀和珠三角地区的是湖北省,达到 77 387 元/人,年增长率达 8.83%,显示湖北省在经济综合实力上有较高的成长性,在未来有望超过天津市,但和北上广仍存在结构性的差距。四川省是人口大省,在人均地区生产总值方面无法占据优势,2019 年四川省人均地区生产总值 55 774 元/人。其他人均地区生产总值增长率较高的是云南省,2018—2019 年人均地区生产总值增长率全国最高,达 10.56%。

由此可见,以上海为核心的长三角经济区在人均地区生产总值指标上显示出强大的综合实力并保持相对稳定的增长性,具有良好的国际化基础。

2.2.2 对外经济贸易

第二个大数据则是对外经济贸易类数据,分别是外商投资企业法人单位数、外商投资企业投资总额和外商投资企业进出口总额,该指标能反映一个省份在对外贸易方面的综合规模以及与国际社会的联系程度。其中,外商投资企业法人单位数是指执行企业会计制度的外商投资企业法人单位数。外商投资企业进出口总额是指实际进出我国国境的货物总金额,包括对外贸易实际进出口货物,来料加工装配进出口货物,国家间、联合国及国际组织无偿援助物资和赠送品,华侨、港澳台同胞和外籍华人捐赠品,租赁期满归承租人所有的租赁货物,进料加工进出口货物,边境地方贸易及边境地区小额贸易进出口货物,中外合资企业、中外合作经营企业、外商独资经营企业进出口货物和公用物品,到、离岸价格在规定限额以上的进出口货样和广告品(无商业价值、无使用价值和免费提供出口的除外),从保税仓库提取在中国境内销售的进口货物,以及其他进出口货物。中国十大对外经济贸易国际影响力排名省份数据如表 2.1 所示,此处根据我国规定出口货物按离岸价格统计,进口货物按到岸价格统计。

表 2.1　中国十大对外经济贸易国际影响力排名省份

省份	外商投资企业法人 单位数(个,2017 年)	外商投资企业投资总额 (百万美元,2018 年)	外商投资企业进出口 总额(千美元,2019 年)
上海市	22 048	884 911	316 661 351
江苏省	21 957	1 056 042	375 454 323
广东省	19 311	1 923 465	434 750 664
浙江省	14 112	445 788	82 572 402
山东省	13 636	345 229	74 905 671
北京市	9 737	547 718	74 178 529
辽宁省	6 064	377 494	43 746 082
天津市	5 525	290 620	53 377 927
福建省	5 451	278 698	62 047 697
湖北省	2 915	142 275	13 485 844

资料来源：根据国家统计局公开数据整理。

　　上海的外商投资企业法人单位数排名全国第一,江苏、广东、浙江和山东四省紧随其后,均超过 10 000 个,长三角地区省份占了全国前四中的三个席位。2018 年全国外商投资企业投资总额达 77 737.977 亿美元,长三角地区占比 30.7%；2019 年全国外商投资企业进出口总额 18 239.087 亿美元,长三角地区占比 42.47%。由此可见,在反映省份与国际社会的联系程度和国际影响力的数据上,长三角地区遥遥领先。

2.2.3　全球城市综合实力

　　第三个大数据是全球城市综合实力。全球城市实验室每年发布全球城市 500 强榜单,该榜单从经济、文化、治理、环境、人才、声誉等 6 个维度计算出各国主要城市的品牌价值。2019 年,全球城市排行榜的门槛是 192.2 亿美元,其中共有 6 个城市的品牌价值超过 1 万亿美元,5 000 亿～10 000 亿美元的城市有 18 个,1 000 亿～5 000 亿美元的则有 164 个,超过六成的城市品牌价值在 1 000 亿美元以下。2019 年,全球城市综合排行榜包括 124 个国家。其中,中国以 37 个城市位列全球第二,品牌价值超过 1000 亿美元的中国城市有 14 个(不含港澳台数据),如表 2.2 所示。中国作为最大的发展中国家,不仅仅有上海、北京等排名前 20 的国际化大都市,也有深圳、广州、苏州等全面发展的国际二线城市,发展势头强劲。

表 2.2　2019 年全球城市 500 强榜单(仅排名靠前的中国城市)

全球排名	城市	品牌价值(亿美元)
12	上海	7 187.5
14	北京	6 546.9
42	深圳	3 886.8
50	广州	3 474.8
58	苏州	2 635.5
90	杭州	2 117.6
95	南京	2 094.1
103	成都	2 012.2
106	重庆	1 896.2
134	青岛	1 468.4
145	西安	1 299.4
158	厦门	1 189.3
171	天津	1 121.6
186	宁波	1 007.8

资料来源:根据全球城市实验室编制的"全球城市 500 强"(2019 年 12 月发布)数据整理而得,http://globalcitylab.com/city500brand/brand/brand.htm。

上海成为国内全球最有价值城市,其品牌价值高达 7 187.5 亿美元,具有较强国际影响力。北京以及深圳分列其后,位列第二、三名,品牌价值分别达到了 6 546.9 亿美元以及 3 886.8 亿美元。

根据以上排名,品牌价值超过 1000 亿美元的 14 个中国城市中,有 5 个城市位于长三角经济核心区,分别是上海、苏州、杭州、南京和宁波,品牌价值总和达 15 042.5 亿美元,占 14 个中国城市总和的 40%,成为最具国际影响力的经济区之一。

2.2.4　地方财政支出

第四个大数据则是地方财政支出情况。地方政府通过第二阶段的财政支出来保持经济稳定、宏观调控、提高全民素质和社会效应。地方财政预算支出包括一般公共服务、国防、公共安全、教育、科学技术、文化体育与传媒、社会保障就业、医疗卫生、环境保护、城乡社区事务、农林水事务、交通运输等方面的支出。2019 年,长三角经济核心区的地方财政一般预算支出总额为 30 905.86 亿元,在全国的城市群中排名第一。

这里主要研究地方财政商业服务业等事务支出、地方财政金融监管支出、地方财政教育支出和地方财政科学技术支出,在一定程度上反映政府的政策扶持倾向。2019 年度北京、上海、浙江、江苏和广东的地方财政支出情况比较如图 2.2 和图 2.3 所示。地方财政教育支出反映政府教育事务支出,有关具体教育事务包括教育行政管理、学前教育、小学教育、初中教育、普通高中教育、普通高等教育、初等职业教育、中专教育、技校教育、职业高中教育、高等职业教育、广播电视教育、留学生教育、特殊教育、干部继续教育、教育机关服务等。

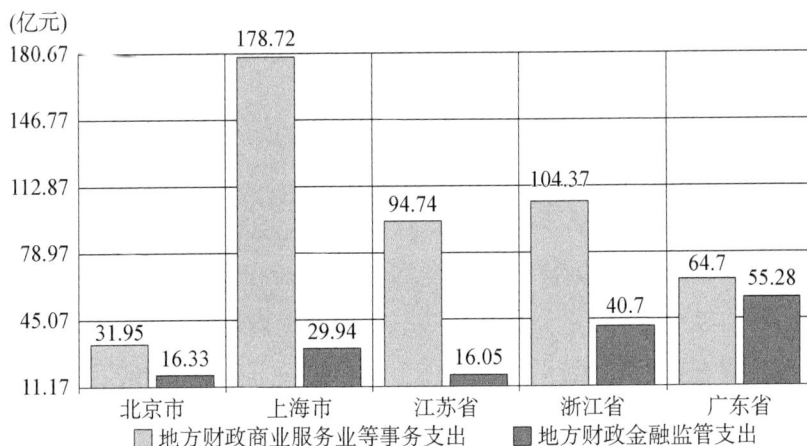

图 2.2　2019 年度北京、上海、浙江、江苏和广东地方政府商业与金融监管支出情况

资料来源:根据国家统计局公开数据整理绘制。

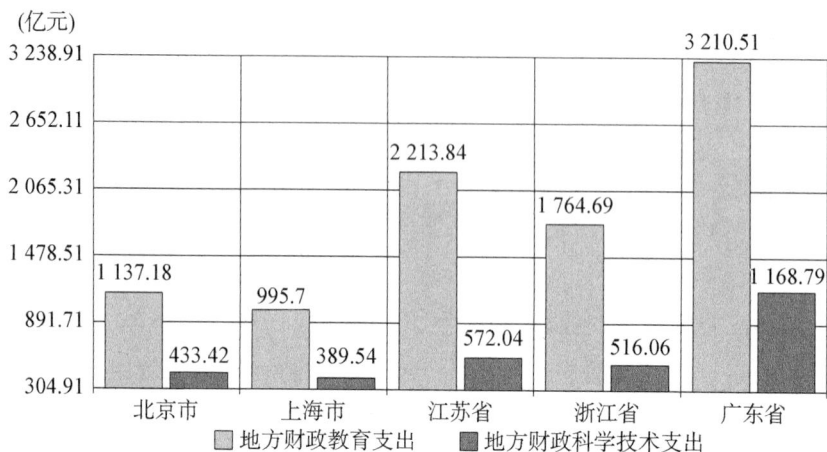

图 2.3　2019 年度北京、上海、浙江、江苏和广东地方政府教育与科技支出情况

资料来源：根据国家统计局公开数据整理绘制。

　　上海在地方财政商业服务业等事务支出上为全国第一，浙江和江苏紧随其后，均超过 90 亿元，领跑全国。长三角经济核心区地方财政支出占全国总量的比例均领先于其他省份，其中商业服务业等事务支出占比达 32.65%，地方财政金融监管支出占比达 12.91%，地方财政教育支出占比达 15.09%，地方财政科学技术支出占比达 24.82%。

2.3　长三角经济核心区高端国际教育中心建设的现实基础

2.3.1　上海的教育历史沉淀和资源优势

　　长三角经济核心区是世界六大城市群之一，上海作为长三角地区的引领者，已逐步展露出高度的资源整合与激活能力。"十三五"期间，上海按照"高端化、集约化、服务化，三二一产业融合发展"的方针，推动现代服务业快速增长。如图 2.4 所示，2015—2019 年上海地区生产总值和第三产业增加值逐年稳步增长，以服务经济为主的产业结构基本形成。2020 年，上海 GDP 总值达 3.87 万亿元，总量规模跻身全球城市第 6 位，占全国总值的 3.8%。其中，第三产业增加值占全国的 5.1%，已基本建成国际经济、金融、贸易、航运中心,具有国际影响力的科技创新中心形成基本框架,迈向具有世界影响力的社会主义现代化国际大都市。因此,加快服务业发展,特别是现代服务业中的教育行业,不断巩固和提升人才的培养与储备,从而提高服务经济的质量和水平,是实现上海中长期发展战略目标的重要支撑。

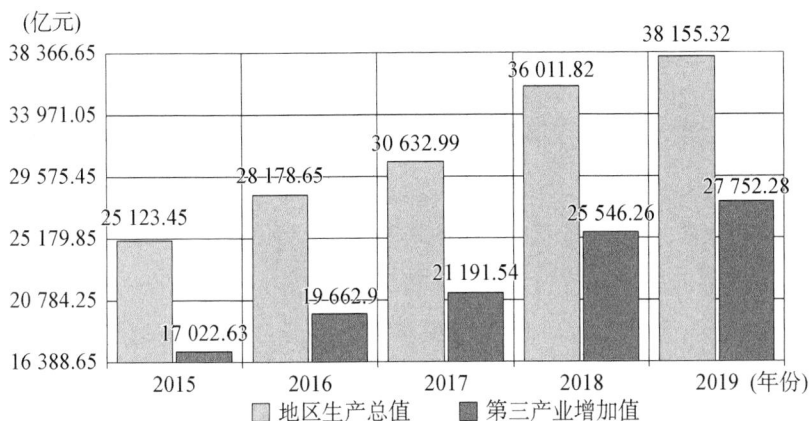

图 2.4　2015—2019 年上海地区生产总值和第三产业增加值

资料来源:根据国家统计局公开数据整理绘制。

上海教育工作以习近平新时代中国特色社会主义思想为指导,始终全面贯彻党的十九大和十九届二中、三中、四中全会精神,认真落实习近平总书记关于教育的重要论述,按照国家和上海市中长期教育规划纲要、上海市教育综合改革的总体部署,坚持依法治教和改革创新,全面推进教育质量提升、内涵发展,上海具有一定的历史沉淀与地缘优势。

(1)地区政策支持保障,教育方针领先,教育经费充足。2019 年,中共上海市委、市政府出台了《上海教育现代化 2035》和《上海市面向2020 年加快推进教育现代化实施方案》,确定教育的主要发展预期,率先总体实现教育现代化的目标,制定上海教育现代化监测指标体系,强化教育改革发展过程监测,确保教育和人力资源发展水平迈入世界先进行列。同时,积极推进长三角一体化发展教育领域的重点工作,研究长三角教育现代化指标体系,建立健全重点项目推进工作机制。在此基础上,实现更高水平、更高质量的教育现代化,建成与时代发展相适应、与具有世界影响力的社会主义现代化国际大都市相匹配的一流教育,教育事业发展和人力资源开发主要指标达到全球城市先进水平,成为各类人才向往的学习体验之地、事业发展之地、价值实现之地,在我国教育现代化和教育强国建设中当好排头兵和先行者,为国家和上海经济社会发展作出更大贡献。

党的十八大以来,上海教育秉持"为了每一个学生的终身发展"的理念和优先发展战略,全面深化教育综合改革,坚持"六个始终",即始终坚持党对教育事业的全面领导,始终把立德树人作为根本任务,始终不断增强人民群众的教育获得感,始终把教师队伍建设作为基础工作,始终坚持改革创新,始终持续扩大教育开放。

2019 年,上海教育经费继续稳步增长。全市教育部门财政预算内教育事业预算总额为 1 064.8 亿元,比上年增长 5.75%。其中,市级教育事业预算总额达 257 亿元,比上年增长 1.90%;区级教育事业预算总额达 807.8 亿元,比上年增长 7.04%。上海教育实现了先一步、高一层的发展,教育现代化总体水平位居全国前列,教育的国际影响力不断提升。

(2)全国高端教育改革的探路者,创新人才培养模式。2020 年 4 月上海市教育委员会《2019 年上海市教育工作年报》的数据显示,上海市共有普通高等学校 64 所。普通高校本专科在校学生达 52.66 万人,比上年增加 1.66%。全市共有研究生培养机构 49 家(不包括中科院在沪分院和煤炭院上海分院),研究生在校生达 19.63 万人(含全日制和非全日制),其中博士生 3.81 万人、硕士生 15.82 万人。全市普通高校教职工总数达 7.72 万人,专任教师 4.63 万人,其中本科院校专任教师 4.13 万人、高职高专院校专任教师 0.49 万人。全市共有成人职业技术培训机构 726 家,结业生 173 万人次;民办非学历高等教育机构 213 所,校外教育机构 23 所,教职工总数 1 359 人。

上海努力当好全国教育改革的探路者,在国家和上海城市发展全局中的地位作用进一步凸显。上海积极推进高等教育改革和高端职业教育项目建设。根据上海市教育"十三五"基本建设规划项目实施的"五项标准",积极推进教育部、上海市政府与国家相关部委启动上海高水平地方高校建设共建合作,引导高校建设从行政班教室向学习空间延伸、装备配置从共性向个性定制延伸、信息技术与教学融合从产品使用向数据驱动支撑个性化教学延伸,逐步建成一支高素质专业化创新型"四有"教师队伍,深化课程改革与教学创新改革。

同时,切实推进高校教学质量提升,加强应用型人才培养。结合教育部一流本科专业建设"双万计划",支持开设人工智能、数据科学与大数据技术、智能科学与技术、大数据管理与应用、生物制药、养老服务管理、康复工程等新专业。推进高峰高原学科建设,加强高峰高原学科过程管理,组织高校开展年度建设进展报告,引导跨学科建设,提升高校科技创新力。新增"智能科学与技术"IV类高峰学科,服务支撑上海科创中心建设,进一步扩大高校科研自主权,优化上海高校学科布局。继续推进科技成果转移转化工作,支持高校技术转移中心建设,按照专业化、职业化、国际化方向,加快建设步伐。

上海在全国率先实施了一流研究生教育引领计划,各研究生培养单位围绕一流的研究生培养机制、一流的学位点优化布局和建设机制、一流的国际合作交流机制、一流的教育质量监测机制和一流的资源配置保障机制等五个方面开展建设。

(3)教育资源丰富,国际化优势明显。上海通过整合各类教育资源,提升教育对外开放水平。2019年全市共有中外合作办学机构和项目177个,其中机构27个、项目150个。开展学历教育的机构和项目158个,非学历教育19个。全市共有外籍人员子女学校37所,在读学生31768名。2019年,全市各普通高校来华留学生达64480人,学位生总数为23830人,比上年增加7.7%。2019年全市在校港澳台学生总人数为15439人,其中高校2259人。

上海服务国家"一带一路"建设,推进来华留学工作,坚持扩大规模、优化结构、提高质量、加强管理,进一步完善在沪留学生招生和管理工作机制,落实高校主体责任。2019年,上海共接收"一带一路"沿线国家来华留学生达30 380名,占总来沪留学人数的47%。同时,积极配合国家人文交流倡议,发挥上海孔子学院工作联盟作用,推进孔子学院内涵建设。目前已有12所高校和10所中小学在30个国家举办了孔子学院47所、孔子课堂70个,教学点525个。

上海积极深化国际合作与交流内涵。加强国际组织人才培养,支持高校探索培养外交外事和国际组织管理服务人才,支持高校与国际组织合作开展国际职员教育培训,选派学生赴国际组织实习,支持教师赴国际组织任职,服务国家"一带一路"建设。上海进一步推进品牌项目建设,拓展城市间教育交流合作,支持学校以多种形式开展人文交流,接纳服务更多国外学生来沪交流学习,加强各级各类学生活动基地(中心)建设,目前已建设了一批教育国际合作与交流师范学校和特色学校。2019年,上海继续稳步推进中国—上海合作组织国际司法交流合作培训基地、中阿改革发展研究中心、上海全球治理与区域国别研究院等重点项目建设工作。持续推进联合国教科文组织二类机构"教师教育中心"、国际戏剧协会总部、上海亚洲海事技术合作中心、联合国教科文组织一类中心"国际教育局"的创建及引进工作,提升上海教育国际化水平。

(4)终身教育服务体系完善,推进全球学习型网络城市建设。上海倡导优化终身教育服务体系,深化学习型社会建设。通过终身教育资源配送平台汇聚全市各类优质资源,目前已有数字课程254门资源3 860个,实体资源(图书、光盘、市民学习体验卡等)77种,2019年全年配送数字资源66 352个,配送实体资源近5万个。继续推进"上海百万在岗人员学力提升行动计划",完善学习平台的服务与功能,已上线21门学历教育课程和712门非学历教育课程,完成学历教育课程学习人数达18 961人。进一步完善"双证融通"机制,推进在岗人员非学历证书、培训等学习成果与学历课程学分的认定和转换。上海还加强市民终身学习需求与能力监测研究院建设,完善市民终身学习监测体系的制度建构,探索建立常态化监测运行模式。召开上海市民终身学习需求与能力监测研究阶段性成果发布会,向全社会公开上海市民终身学习能力与需求监测指标和监测结果,成为全国第一个将市民学习能力和需求监测纳入学习型城市建设总体制度框架的城市。同时,深化长三角区域合作,成立长三角地区开放教育学分银行,推进长三角地区学习型社会与终身教育协同发展。

上海积极参与并推进全球学习型网络城市建设工作,正式加入联合国教科文组织全球学习型网络城市,成为全球"教育促进可持续发展"主题协调城市,参加全球第四届学习型城市大会,上海作为中国的唯一代表做了主旨报告,承担《麦德林宣言》的 6 人起草组工作,顺利完成联合国教科文组织终身教育研究院的"一带一路"国家终身教育管理者和研究者培训任务,筹备第一次"教育促进可持续发展"主题会议。深化学习型社会布局,强化学习型城市建设内涵[①]。

2.3.2 浙江省的教育历史沉淀和资源优势

2020 年 5 月,浙江省委、省政府印发了《浙江教育现代化 2035 行动纲要》,进一步明确浙江教育改革发展的战略目标和主要举措。推动各地结合实际,切实把教育理念、教育行动统一到党的教育方针上来,把"国之大计、党之大计"的教育定位转化为优先发展的实际行动,不断坚定凝聚人心、完善人格、开发人力、培育人才、造福人民的教育工作目标。

(1)全面实施高等教育强省战略。浙江省把高等教育强省战略作为重要职责,投入更多资源贯彻落实浙江省委、省政府《关于全面实施高等教育强省战略的意见》。2021 年 6 月浙江省教育厅发布的《2020年浙江省教育事业发展统计公报》显示,全省共有普通高等学校 110 所(含独立学院及筹建院校),其中大学(含职业本科)19 所、学院 22 所、独立学院 19 所、高等专科学校 2 所、高等职业学校 48 所。全省普通本专科招生 36.94 万人,比上年增长 5.4%;高等教育毛入学率为 62.4%,比

---

① 资料来源:http://www.age06.com/Age06Wedb3/Home/MobileImgFontDetail? ld = cb1f1d25-2bfb-4b76-853b-fe66ec5f1fd4。

2019 年提高 1.1 个百分点。研究生(含非全日制)、本科、专科招生比例为 1∶4.2∶4.3;普通高考录取率维持较高水平;研究生(含非全日制)招生 43 064 人,其中博士生 4 694 人,硕士生 38 370 人,招生总数比上年增加 11 293 人,增长 35.5%;在学研究生(含非全日制)110 093 人,其中,博士、硕士在校生分别为 17 173 人、92 920 人,在学总数比上年增加 17 725 人,增长 19.2%。全省普通高等学校教职工 10.41 万人,比上年增加 0.81 万人,其中专任教师 7.04 万人,增加 0.37 万人。专任教师中副高及以上职称教师所占比例达到 44.7%,具有硕士及以上学位教师比例达 86.6%,比上年提高 1.1 个百分点。2020 年,浙江省普通高校校舍建筑总面积达 4 453.33 万平方米,比上年增加 188.23 万平方米,增长 4.4%;图书 12 704.37 万册,比上年增加 598.21 万册,增长 4.9%;仪器设备值 322.99 亿元,比上年增加 30.34 亿元,增长 10.4%。

浙江省始终坚持"以本为本",建设高水平本科教育体系,提升本科生培养质量。优化省域高等教育资源空间布局,完善高校分类管理、分类发展办法,调整优化高校本科专业,发展优势特色专业、交叉融合专业和民生急需专业,改造传统专业,提高专业建设质量。继续着力推进建设一批大科学装置、大工程中心、国家及省重点实验室、实习实训基地、重点智库。同时,鼓励和支持高校加强对关键共性技术、前沿引领技术、现代工程技术、颠覆性技术的攻关创新,加强新工科、新医科、新农科、新文科建设,加快推进专业认证。

大力支持"双一流"高校提升发展,制定了浙江省服务"双一流"创新项目方案,定位培养具有国际视野的学科带头人和若干个高水平创新团队。落实省一流学科动态调整机制,推进重点建设高校和优势特色学科建设,引导学校进一步瞄准高水平、聚焦"双一流"。早在 2010 年 12 月,浙江省财政厅办公室就印发了《浙江省提升地方高校办学水平专项资金管理办法(试行)》,提高省属高校基准拨款定额,推动一流专业、一流课程建设,加快建设高水平本科教育。同时,加强本科课程建设,优化课程体系,合理增加课程难度,拓展课程广度,减少"水课",增加"金课",加强本科教学质量监测工作,完善高校内部教学质量保障机制建设。

推动高校实施"五十百亿"工程,组织引导高校积极服务经济社会发展。目前浙江省市属高校服务亿元以上产值企业的省级以上纵向科研平台已达 128 个,横向科研平台有 101 个。浙江省已完善高校学科专业布局,重点支持服务于数字经济"一号工程"、生命健康、"八大万亿"产业等省域重大发展战略的专业。2019 年 6 月,由教育部高等教育司指导、教育部新农科建设工作组主办的"新农科建设安吉研讨会"在浙江省安吉县余村举行,并发布《安吉共识——中国新农科建设宣言》,对新农科建设作出了总体部署。同时,浙江省还成功承办了第五届中国"互联网+"大学生创新创业大赛总决赛,获得赛事举办和比赛成绩双丰收,充分展示了浙江省高等教育和数字经济建设的成就,金奖数列全国第二。

(2) 研究生教育是高质量发展的重要战略资源。浙江省深入学习贯彻习近平总书记关于研究生教育的重要指示精神和全国研究生教育会议部署,从党和国家教育事业发展全局的高度,切实抓好研究生教育工作,始终把立德树人摆在首位,用习近平新时代中国特色社会主义思想铸魂育人。瞄准科技前沿和关键领域,对焦打造三大科创高地,着力充实高素质人才储备,着力培养高层次领军人才。同时,提升研究生教育质量,优化科学专业结构,加强导师队伍建设,促进科教产教深度融合,迭代升级研究生培养模式,加快研究生教育扩容提质,奋力打造重要窗口,为社会主义现代化先行省培养更多德才兼备的高质量研究生人才。

近年来,在浙江省教育厅和各研究生培养单位的共同努力下,培养了一大批高层次人才,为推动经济社会发展作出了巨大贡献。2021 年 6 月浙江省教育厅发布的《2020 年浙江省教育事业发展统计公报》显示,研究生(含非全日制)招生 43 064 人,其中博士生 4 694 人、硕士生 38 370 人,招生总数比上年增加 11 293 人,增长 35.5%;在学研究生(含非全日制)110 093 人,其中博士、硕士在校生分别为 17 173 人、92 920 人,在学总数比上年增加 17 725 人,增长 19.2%;研究生(含非全日制)毕业生为 23 743 人,其中博士、硕士毕业生分别为 1 951 人、21 792 人,毕业生总数较上年增加2 868人,增长13.7%。

浙江省始终落实立德树人的根本任务,坚持两条腿走路,正确处理好研究生培养量和质的关系,立好质量标杆、明确培养路径、把好管理关口,落实好政府和教育行政部门的责任、学校的责任、学院的责任以及研究生导师四方责任。按照国家加快培养国家急需的高层次人才的要求,着眼新阶段新要求,深入实施高教强省战略,把提高研究生教育质量摆在更加突出位置。2019年浙江省教育部办公厅印发《关于进一步规范和加强研究生培养管理的指导意见》,首次开展硕士学位授权点合格评估省级抽检,坚持对标一流、争创一流,坚持好中选优、优中育强,深化改革创新,加强开放合作,真正把肯钻研、能钻研的学生选拔出来,最大限度地把创新潜力、创造活力激发出来,推动浙江省研究生教育向更高质量、更高水平、更高层次迈进,为全省建设重要窗口增动力,为全国改革发展大局作贡献。

(3)服务数字经济和科创特色的产教融合。据2021年7月浙江省互联网协会发布的《浙江省互联网发展报告2020》,截至2020年12月,浙江省网民规模达到5 321.8万人,互联网普及率为82.4%(见图2.5),远高于全国平均水平。其中,手机网民规模占全省网民总数的99.7%。2020年,浙江省数字经济核心产业实现增加值7 019.9亿元,同比增长13%,数字经济发展能级持续提升,产业数字化指数位居全国第一,网络零售额规模稳居全国第二,县域数字农业农村发展水平位居全国第一,基础教育信息化发展指数连续4年位居全国第一。

截至2020年底,浙江省光缆线路总长度达到349.8万千米,居全国第三,并发布了国内首部建设工程配建5G设施强制性地方标准,建成5G基站6.26万个,实现了5G网络规模商用,网络通信能力持续增强。"5G+互联网"的科创特色加速了工业化和信息化深度融合,促进了制造、港口、建材三大浙江重点行业提质增效。到2022年,浙江省要建设5G基站12万个以上,大型、超大型云数据中心25个左右,率先完成双千兆宽带网络布局,5G网络质量继续保持全国领先。同时,加快应用落地和新业态培育,加速打造5G产业集群,聚焦工业互联网、智慧医疗、

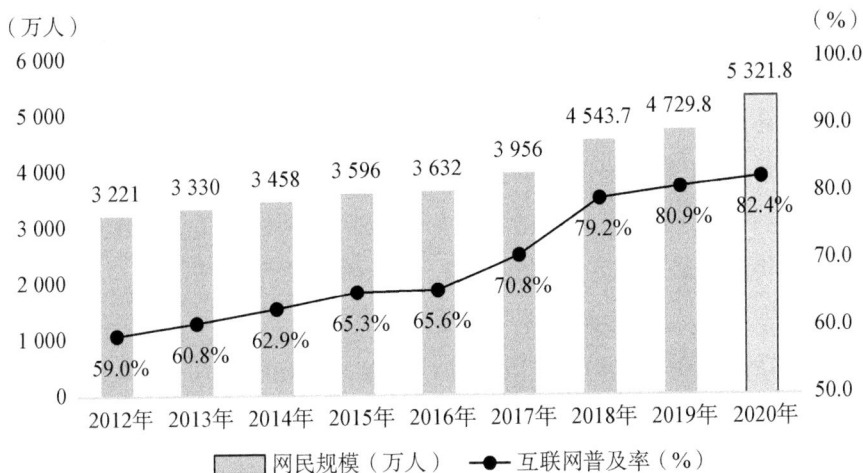

图 2.5 2012-2020 年浙江省互联网普及率

资料来源:《浙江省互联网发展报告 2020》,http://www.zj.gov.cn/col/col1229536499/index.html。

车联网、智慧教育等重点领域和重点场景,形成一批可复制可推广的典型案例,打造 5G 发展新高地。

浙江省各高校不断提升教育服务能力,积极组织高校服务数字经济和科创大平台建设,把产教融合作为教育改革发展的重要方向,深化人才培养供给侧和产业需求侧结构的全方位融合,为创新驱动发展和经济高质量发展提供人力资源保障。持续深化产教融合,促进教育链、人才链与产业链、创新链有机衔接,加大对实践项目的经费投入,加强管理,完善评价激励,提高建设质量,强化典型示范,提升育人价值。2020 年,浙江省立项建设省级产教融合示范基地(第三批人才培养类示范基地)25 个,省级产学合作协同育人项目 255 项,省级虚拟仿真实验教学项目596 项。

浙江省继续统筹优化职业教育、高等教育与经济社会发展相适应的布局结构,完善紧密对接产业链、创新链的学科专业体系和人才培养体系。扩大校企合作范畴,鼓励企业多形式参与举办职业教育和高等教育。职业教育新设专业原则上应有相关行业企业参与,鼓励企业与学校共建共享实验实训基地和创新实践基地。围绕服务地方经济社会发展需求,推广"企业出题、高校解题、政府助题"的新型产学研合作模式,扩大研究生联合培养基地建设规模,并重点向各产业集聚区推广建设。

引导高校更加积极主动地服务社会、服务经济、服务企业,培育实施高等教育"五十百亿"工程,以适应浙江省"八大万亿"产业和数字经济的需求,研究制定有针对性的人才培养规划。充分发挥重点建设高校、一流学科和优势特色专业对于产业、行业的拉动和支撑作用,利用高校的学科专业和人才优势引领、培育、支撑一批 5 亿元、10 亿元、100 亿元产值的产业或企业。对经济效益和社会效益良好的学科专业,浙江省都给予相应的扶持。

2.3.3 江苏省的教育历史沉淀和资源优势

江苏教育全面贯彻落实全国教育大会的决策部署,突出服务经济社会高质量发展。2019 年 6 月,江苏省委、省政府印发《江苏教育现代化2035》,开启了现代化教育强省建设的新征程,建体系、谋发展、抓重点、推改革、补短板、强弱项,聚焦教育重点难点,突出服务高质量发展,加快推进现代化教育强省建设,努力办好人民满意的教育,改革发展取得新成效。

(1)教育投入保障能力逐步增强,高等教育质量攀新高。坚持"保基本、补短板、促公平、提质量"原则,着力健全教育投入机制,依法落实政府教育支出责任。2019 年,江苏省地方教育经费总投入 3 109.33 亿元,比上年增加 281.69 亿元,增长 9.96%。围绕提升教育质量,不断加大教育投入。2019 年,全省国家财政性教育经费(包括公共财政预算安排的教育经费、政府性基金预算安排的教育经费、企业办学中的企业拨款、校办产业和社会服务收入用于教育的经费等)达 2 480.57 亿元,比上年增加 226.36 亿元,增长 10.04%,其中:一般公共预算安排的教育经费为 2 399.24 亿元,占 96.72%;政府性基金预算安排的教育经费为68.10 亿元,占 2.75%;企业办学中的企业拨款为 0.15 亿元,占0.01%;校办产业和社会服务收入用于教育的经费为 1.96 亿元,占0.08%;其他财政性教育经费为 11.12 亿元,占 0.45%。全年统筹中央资金共安排教育专项资金(含市县转移支付)超过 180 亿元,教育投入保障能力逐步增强。

江苏省切实加强"双一流"建设,持续推进高水平大学建设工程,研制江苏高水平大学建设方案 2.0,深化高校优势学科三期项目建设。江苏省高等教育内涵建设成就喜人,全省高校入选首批国家一流本科专业的有 343 个、一流课程 349 门,居全国第二;171 个工程专业通过认证、41 个师范专业通过二级认证,居全国第一;27 所高校的 141 个学科进入基本科学指标数据库(essential science indicators,ESI)前 1%,机构数和学科数分列全国第一和第二。持续推进产业教授选聘工作,累计已选聘 1711 人次企业家到高校担任研究生导师。江苏省高校实验实践教学优势明显,37 个虚拟仿真实验教学项目入选国家虚拟仿真实验教学项目,入选总数和专业类均居全国第一。

(2) 现代职教体系建设蹄疾步稳,改革发展活力持续释放。推动出台了全国首部省级职业教育校企合作领域的地方性法规,全面推进现代学徒制试点工作,启动高等职业教育产教融合集成平台建设计划。贯彻落实"高职扩招百万"政策,2019 年高职招生 30.3 万人,实施现代职教体系建设项目达 803 个,7 所高职院校和 13 个专业入选中国特色高水平高职学校和专业建设计划,入选数量居全国首位。同时,与省人社厅联合出台中职学校与技工学校"四统一"管理政策,实现全国职业院校技能大赛"十一连冠"。江苏省为全国现代职业教育树立了样板。

全面深化高校科技体制改革,公布深化普通高校考试招生制度综合改革实施方案,推动落实"科技改革 30 条"等政策措施,有力调动科研人员创新创业的积极性,继续推动长三角一体化创新融合发展,教育改革重大问题协商共建与区域现代化建设机制常态化运行。江苏省在全国率先建设省级大学生创新创业实践教育中心,2019 年立项的大学生创新创业训练计划达 9057 个,资助 3376 名研究生进行科研与实践创新。在第五届"互联网 +"大学生创新创业大赛国赛中,江苏获金奖数居全国第一。

(3) 高等教育国际化稳步提升,高质量发展教育服务效能。2019

年,全省高校招收培养外国留学生 4.73 万人,较上年增长 3.18%,规模趋稳。留学生结构更加优化,学历生较上年增长 10.22%,其中博士生增长 12.71%。中外合作办学提质增效扎实推进,全省中外合作办学机构及项目达 311 个,其中新增中外合作办学机构 2 个、项目 3 个,建设省级高水平示范性中外合作办学机构及项目 67 个。公派出国留学规模稳步扩大,2019 年,选派 1 374 名在校大学生赴世界一流大学短期学习,741 名研究及访问学者获国家留学基金委及省政府出国留学奖学金资助,较上年增长 37.48%。巩固深化中英 20+20 高水平大学联盟等校群合作机制,邀请 1 792 名境外专家学者来江苏学术交流,教育对外开放活力及贡献度不断增强。启动首批 26 个中外合作办学平台联合科研项目、53 个职业教育省级重点项目建设。同时,加强校企合作国际人才网建设,开展"一带一路"沿线国家国别研究,20 所高校在境外设立 36 个办学机构及项目,助力"走出去"企业海外本土化人才培养。

坚持推动教育事业主动与区域经济社会紧密对接,与现代产业结构深度融合,不断增强高校科技创新原动力作用,教育服务效能持续增强,提升江苏教育大省的匹配度。2019 年,全省高校获批国家地方联合工程研究中心 2 个,教育部移动信息通信与安全前沿科学中心 1 个,教育部认定的省部共建协同创新中心 4 个,高校科技成果转化和技术转移基地 5 个,2019 年国家社科基金年度项目立项 377 个,数量均居全国第一。2019 年度获教育部高等学校科学研究优秀成果奖(科学技术)64 项,占全国高校获奖总数的 20.98%,居全国第二。江苏省还大力支持高校与地方政府、高新技术园区共建研究院和研发平台,推动校地校企同频共振,组织"江苏教育界与产业界对话对接"和"高校协同创新中心与先进制造业对接"等活动,实施服务外包类专业嵌入式人才培养项目,推动高校将科研实验室和重大科研仪器设备对社会开放。在促进产教深度融合和推进科技成果转移转化背景下,2019 年,全省高校获批教育部高校科技成果转化和技术转移基地 5 个,居全国第一;进驻省技术产权交易市场高校店铺 91 个,技术合同交易额达 112.1 亿元。同时,就业指导服务水平不断提升,2019 年年终就业率达 95.9%,连续 15 年保持在 95％ 左右。

2.4　长三角经济核心区高端国际教育中心建设的战略目标

随着长三角一体化发展上升为国家战略,对长三角高质量一体化发展提出了更高的要求,特别是如何更好地发挥上海的龙头核心作用,利用苏浙各自的优势,优化各类资源,切实推动长三角服务产业一体化协同发展。长三角经济核心区应抓住机遇,借助上海的教育产业优势,整合苏浙两省相关产业主体资源,打造长三角经济核心区乃至全球主要的高端国际教育中心,为我国高端服务业的改革做出积极探索。具体而言,主要包括以下几个目标。

2.4.1　构建长三角经济核心区高端国际教育中心,助力上海在全球服务业中打响品牌,并在竞争中具有一定的比较优势

通过借鉴国外高端教育中心建设的成功经验,结合中国国情,探索适合我国的高端教育建设道路。同时依托“一带一路”倡议和上海自贸区的政策优势,加大国际合作与交流,在高端国际教育模式的选择、教育制度的改革以及资源整合与配置等方面积极尝试。改变目前相对集中和单一的教育模式,满足多样化的教育需求,同时也符合长三角经济核心区的产业转型。教育不需要占用太多的实物资源,在完善教育制度的基础上,积极拓展高端国际教育中心的完整链条,协同发展长三角地区,丰富教育相关产业的参与度,将长三角经济核心区高端国际教育平台打造为具有国际知名度和竞争力的高质量教育中心。

2.4.2　积极培育各类高端教育相关产业参与主体,通过“高端教育＋”带动其他产业产值增加,助力高端服务业成功转型

教育既是推动社会进步的基础性事业,也是推动经济发展的重要产业。更重要的是,教育对其他相关产业具有后向关联效应,即教育的发展会对相关产业产生消费,从而促进相关产业的增长。因此,借助长三

角经济核心区建设高质量的高端国际教育中心的契机积极培育各类高端教育相关产业的参与主体,相关产业包括"高端教育＋"旅游产业、会展产业、建筑产业、信息产业、科技创新产业、金融产业、文体产业、出版产业等,为长三角地区乃至全国提供更多的创新创业机会,深化产教融合和校企合作,通过资源整合和优化配置,带动产业产值增加,缓冲经济转型所带来的负面冲击,助力长三角一体化区域经济的稳步发展。

2.4.3 打造基于互联网大数据的高端教育平台,主动迎合市场需求,与时俱进

一方面,随着人口流动、区域性中心城市的崛起,人口在一、二线城市集中,优质教育资源向核心城市聚拢的趋势正逐步加强,为培养区域性乃至全国性高端教育中心提供了可能。同时,考虑教育供给者的获客成本,经济核心区适龄教育人口密度相对较高,从而提高了教育资源的利用效率。因此,建立以上海为中心的长三角经济核心区高端国际教育中心,利用互联网大数据进行人口分析与预测,教育相关资源得以整合和动态优化配置,在一定程度上可以避免对长三角经济核心区的挤出效应和各类教育相关资源的闲置。另一方面,教育作为服务消费的一部分,代表了新服务模式下民众对精神文化领域的更高追求,通过接受更优质、多元化的教育,寻求更优的个人发展渠道,获得精神上的富足,越来越成为消费的重要组成部分。目前,民众对教育的需求较高,包括数量、质量和结构等多方面的要求,具有层次性和多样性,特别是具有特色和高附加值的高端国际教育。因此,以上海为核心的长三角高端国际教育产品设计也需要多样化,资产来源也应当多样化,这同时也对高端国际教育中心的相关产业参与主体提出了更高要求。通过互联网大数据助力各类同质化的资源整合与优化,首先打造出专业服务的领先者,成为市场的中坚力量,然后进一步将长三角经济核心区发展成为全国乃至全球领先的高端国际教育资源配置中心。

第 3 章

全球特大城市群高端国际教育建设比较

城市群作为城市发展到一定阶段而产生的一种特殊空间组织形式，往往会形成一个以上的特大城市中心，至少 3 个以上的大城市单元，通过现代化基础设施、交通网络和通信建设在空间组织、经济贸易、文化交流和资源共享方面建立紧密联系，同城化和一体化是城市群最终形成的特点。其地域分布特点在于城市群大多依靠大都市地区建立，由若干聚集的特大城市和大城市联合形成多方位、多层次、多核心的城市集团。世界级城市群则是城市群发展到一定阶段所形成的规模最大、实力最强的城市群，即全球特大城市群。从全球范围来看，世界级城市群主要包括：美国东北部大西洋沿岸城市群、英国伦敦城市群、日本太平洋沿岸城市群、欧洲西北部城市群以及中国长江三角洲城市群。

全球特大城市群是国家经济的核心区域，其发展无一例外地与其发达的高端教育息息相关。在增进人民福利、提高幸福水平、增强文化交流和创造世界美好未来等方面，全球特大城市群一体化发展建设为此发挥着重要作用。而且城市群会在区域协调、经济发展方面起到至关重要的作用，特别是在现阶段我国区域发展和城市化建设协调构建的关键时期。按照我国的情况，结合改革开放的经验、包容的思想文化以及丰富的传统历史，借助长三角经济核心区高端教育中心建设之际，使中国教育走出国门，展现给全世界。与此同时，学习国际上先进的教育经验，吸收世界的新理念和新思想，融合本土特色，切实提高我国高端教育水平，为今后开展更高层次的国际教育领域的合作与交流做出贡献，实现未来人类命运共同体的构想。表 3.1 列示了除中国外的全球主要特大城市群。

表 3.1　全球主要特大城市群

所在国家	城市群	概　述
美国	美国东北部城市群	以纽约为中心沿大西洋沿岸展开,还包括波士顿、费城、华盛顿、巴尔的摩等城市
英国	英国伦敦城市群	以伦敦为中心,还包含利物浦、伯明翰、曼彻斯特、利兹、谢菲尔德等城市
法国、比利时、荷兰、德国	欧洲西北部城市群	以巴黎为中心,还包含布鲁塞尔、安特卫普、鹿特丹、埃森、科隆、多特蒙德、波恩、海牙、法兰克福、阿姆斯特丹、斯图加特等城市
日本	日本太平洋沿岸城市群	以东京、名古屋和大阪为中心,还包含京都、横滨、静冈、神户等城市

虽然各国的发展方式、国家政策等有所不同,但现有的全球特大城市群在高端国际教育领域发展建设的经验依然可以作为我国发展建设的参考,再结合我国的实际国情、城市分布、教育基础等,研究出因地制宜的发展方案。

3.1　英国伦敦城市群

从地域来看,英国伦敦城市群指的是以伦敦为中心的英国城市群,还包括纺织机械重地利兹、谢菲尔德、伯明翰,世界纺织工业名城曼彻斯特,以及沿线周围的小城镇。英国伦敦城市群是自产业革命后,英国至关重要的生产基地,也是全球特大城市群中发展时间最早、地域面积最小,但城市密度最大的城市群。

有着悠久历史的英国教育一直是各国学习的典范,其中最发达的高端教育国际中心就坐落在伦敦城市群。英国高等教育建设起源于 700 多年前,经过数百年的发展和革新,英国高等教育在校友成就、科研成果、教学资源等方面都名列世界前茅。自 1992 年政府颁布高等教育改革议案后,英国大多数的理工学院或技术学院都更名为大学,并赋予学位授予权。当今,英国高等院校类型多样,按不同的院校特点、性质和学位授予情况等进行划分。值得一提的是,英国教育的宗旨是帮助学生发现自我优势,鼓励学生尽量发展个人才能,提供优质的培训教育,进而贡献社会。

英国文化教育协会的数据显示,2014—2018 年,中国学生赴英留学的人数明显增加。英国移民局向中国留学生颁发的第四层级学生签证数量从 64 186 增长到 89 304,增长幅度约为 39%。其中,申请攻读英国硕士学位的人数占据绝大部分。在地域选择上,84% 的中国留学生倾向于申请位于英格兰地区的大学,主要原因就是罗素大学集团和 6 所红砖大学均坐落于英格兰地区,特别是伦敦城市群拥有丰富的教育资源和便利的教学设施。与之对比,12% 的中国留学生选择苏格兰地区的大学,而仅有不到 4% 的中国留学生选择威尔士与北爱尔兰地区的大学,主要原因在于这两个地区地理位置较为偏僻,城市发展较不全面。随着近年来英国留学价值的不断攀升和中国家庭收入水平的稳定增长,对许多中国家庭而言,孩子赴英留学已经成为较早的考虑方案。

如表 3.2 所示,在 2021 年夸夸雷利·西蒙兹公司(Quacquarelli Symonds,QS)世界大学排行中,有 4 所英国大学位列世界前 10 名,其中包括牛津大学(排名第 5)、剑桥大学(排名第 7)、帝国理工学院(排名第 8)、伦敦大学学院(排名第 10)。英国院校在世界大学排行榜上一直比较靠前,并且表现较稳定,可见其高等教育质量得到了国际广泛认可。

表 3.2　2021 QS 世界大学排名 10 强

排名	学校名称	国家/地区
1	麻省理工学院	美国
2	斯坦福大学	美国
3	哈佛大学	美国

(续表)

排名	学校名称	国家/地区
4	加州理工学院	美国
5	**牛津大学**	**英国**
6	苏黎世联邦理工学院	瑞士
7	**剑桥大学**	**英国**
8	**帝国理工学院**	**英国**
9	芝加哥大学	美国
10	**伦敦大学学院**	**英国**

资料来源：夸夸雷利·西蒙兹公司发布的《QS World University Rankings® 2021》（2021年 QS 世界大学排名），https://www. topuniversities. com/university-rankings/world-university-rankings/2021。

3.1.1　英国高等教育发展的特点

英国高等教育发展的显著特点在于其悠久的发展历史，大体可以分为三个阶段。第一个阶段是古典大学时期，牛津大学、剑桥大学、爱丁堡大学等是该时期的典型代表；第二个阶段是红砖大学时期，该时期大学的建立主要依靠工业革命后经济的快速发展，英国实施了一系列适应社会发展的措施，包括学习德国，创建了一批技术性大学，曼彻斯特大学、利物浦大学、诺丁汉大学、伯明翰大学等是该时期的代表性学校；第三阶段是平板玻璃大学时期，1963 年英国高等教育委员会发布的《罗宾斯报告》作为发展指导，引导创办并发展一批新型大学，约克大学、巴斯大学、萨里大学等由此而来，该时期是英国高等教育大众化发展的开端。英国高等教育的发展是一个不断与经济发展互动融合、相互提升的历程，大学综合水平也在国际排名中名列前茅，成为世界各国学生学业发展的重要选择地，奠定了英国作为高端国际教育中心的地位，极大地促进了英国经济社会的发展，也促进了世界高等教育水平的提升。英国高等教育的发展呈现如下几方面特点。

（1）英国政府对高端教育和高校发展的持续支持。英国大学教育的典型特征是大学自治、教授治学、学术自由。优质教育的创建离不开政府的政策支持,在此发展过程中,英国政府采取了一系列因地制宜、因时制宜且全方位的政策举措。其主要政策特点包含以下三方面:

其一,经费支持模式独特。英国政府不断改进和丰富教育经费的支持模式。最初是由大学拨款委员会拨款,后改革为由高等教育拨款委员会拨款,后来又确立了由政府支持的助学贷款等。在实施助学贷款以代替对大学直接拨款的政策后,在校大学生可通过贷款来支持学业,贷款款项涉及众多方面,如学费、书本费、生活费、住宿费等,贷款金额也大幅增加。高校作为非营利机构或组织,其收入主要来自科研项目经费和高校科技园、科研成果孵化等项目转化的税收。此外,高校还可以自由选择投资、租赁、上市自有资产和资源,以此获得合理的投资收益。

其二,办学模式独特。英国高校的办学模式可以概括为"公立 + 国家资助 + 民营机制"。英国高校具有很大的办学自主权和自治权。英国现有大学绝大部分属于公立法人的性质,政府不是一般意义上的举办者,但大学仍享受国家的经费资助。英国政府对英国学生和欧盟学生的学费标准进行控制,但对其他国际学生的收费标准采取开放性的政策。

其三,政府治理模式独特。英国政府不直接参与高校内部事务的管理,而是颁布一些特定的政策进行指导和规范(通过委托中介机构或者知名人士发布白皮书、绿皮书等形式),采取拨款和贷款等方法进行资助,通过评估和调查等方式进行约束。这些方式在一定程度上使得英国政府和各高校能够广泛听取各方意见,以此提升政策的可执行性和灵活性。

(2) 英国伦敦城市群拥有高度认同的大学文化体系。英国久负盛名的大学莫过于牛津大学和剑桥大学,这两所顶尖高校有着特别的大学文化体系、渊源的精神文明建设和长达 800 余年的教学历史。不止于此,一些办学历史较短,但教育质量较高的应用型大学也拥有独特的大学价值观。例如,帝国理工学院的教育观是"不断追求科学、工学、医疗和商业领域的教育和科研卓越,造福社会",并在其"2015—2020 年发展战略"中确立了人的战略、基础战略、合作伙伴战略和协作者战略四大重点。这些优质大学的共同特点在于均以培养领导者、服务人类和启发创新作为教育目标,同时培养和激励师生对大学的荣誉感和自豪感,完善的资源支持和自豪的人文情怀成为学校科研创新创造的动力。牛津大学始终保持世界顶尖教育水平的原因是:800 余年悠久的历史文化、充足的教育科研经费和重实践的教学科研氛围。南安普顿索伦特大学作为应用型大学的代表之一,积极探索应用型大学的办学模式,提出教学与科研一体化的研究型教学理念。与此同时,学校也采取一系列措施来保障师生权益,构建师生对大学价值观的认同感。此外,学校还采取了一系列激励和监督措施,包括两年一次的教职员工满意度调查,每年一次的优秀教职员工评选,等等。

(3)英国伦敦城市群拥有较为稳定的大学治理体系。英国伦敦城市群高校数量众多、形式丰富、历史悠久、文化独特、创办规模不一,因此每所学校有着不同的治理体系架构。但总体而言,有着高度的自主性,内部事务不受政府干预,各大学根据自身情况形成了独具特色且稳定的内部治理体系,体现出以下 5 个特点:

其一,大学章程明确了大学的独立法人地位。英国大学的章程由女王陛下最尊贵的枢密院(Her Majesty's Most Honourable Privy Council)制定和通过,作为大学自治的法律基础,展现政府对大学地位的确认和大学组织机构的承认。章程确定了大学内部的机构、大学所须履行的义务和可享有的权利。例如,牛津大学在章程总则中规定,牛津大学是建立在普通法之上的非营利性组织,有权在符合法律规范下,执行能实现大学发展目标的一切活动。

其二,权利主体清晰、职权完善、权责一致。不同组织间(大学理事会、学术评议会、校长行政系统等)有着明确的权利调配规定,相互制约,共同发展。例如,伦敦大学学院章程规定,学院架构必须设立理事会、学术委员会、校长和学生会。理事会在人员架构安排上,需要包括校长和 2 名学生、11 名校外人员、3 名教授;在职能上,理事会是学校的决策机构;在权力制衡上,校长需要参与理事会事务和会议但不可担任主席,主席由校外成员担任;在职责执行上,理事会每年需召开 3 次以上会议,主要决定学校的各项重大事务。学术委员在组成架构上,需要包括当然成员(包含校长、各院院长、学生等)、理事会任命的成员、教授、选举产生的其他学术人员;在职责执行上,学术委员会每学期至少召开1次会议,向理事会就各学术事务提出建议。在人员确认上,校长的选举过程较为复杂,实行公开招聘,理事会任命,最终由学术委员会同意方可上任。

其三,各利益相关者深度参与和紧密联系的体系。建立大学章程和重大规章制度都需要一套完善的通过体系。英国大学赋予全体师生,甚至已毕业的校友向学校决策事项提出建议的权利。英国大学的决策机构人员包含校长、学术代表、教师、在校生、毕业校友以及学校各部门职员代表,广泛的人员能充分地反映各方意见。

其四,规则执行和程序构建的法治化。伦敦大学章程规定了学术成员的构建、申请、选举、担任、除名、惩罚、裁员和免职等事项的规则与程序,甚至一些大学设有大学法庭、罚款等不同方式的处罚机制。

其五,稳定的大学制度体系。稳定的大学制度体系和严格的执行条例保证了英国大学事务执行和发展的持续性、稳定性和长久性。

(4) 完善的优秀学生培养和选拔机制。建设优质大学的必要条件包括充分的教育办学经费、完善的管理体制和优秀的师资力量,更包括高质量的学生。为创建优质大学,英国高水平大学采取了一系列手段和政策来吸引全球优秀的学生,其核心做法是坚持以学生为中心的教学理念,秉承这一理念并将之精细化、独特化、持久化、制度化和人性化,随之产生了三方面机制。

一是优化师资力量,建设高水平教学环境,营造顶尖的科研氛围。为此,每所高校都有严格的教师筛选制度和充分的教师职员教学培训。例如,南安普顿索伦特大学选拔的教师必须具有相关学术专业的职业背景;帝国理工学院新入职教师需要完成2年的教育学硕士课程学习。英国政府在规范教师筛选方面也出台了高等教育职业标准框架,提出教师职业从业的最低要求。

二是对学生人性化培养,尊重学生的选择权。学校赋予学生调整专业的权利。为帮助学生找到自己适合的专业,英国大学设立了为学生服务的创业中心,并保留在一定时期内毕业学生廉价租房的福利。有的大学甚至推出学生毕业后如再考入本校,可享受学费减半的优惠政策。

三是完善的教育质量保障机制。英国政府为完善教育机制,广泛收集教师和学生的反馈,为此专门设立高等教育质量保障署和学生事务办公室,发布联合教学卓越框架和科研卓越框架,定期开展学生满意度调查。除此之外,英国高校普遍建立了内部教育质量监测和管控制度,完善的教育质量和监督机制为英国高校的发展提供了保障。

(5)英国伦敦城市群拥有吸引各方资源的机制与能力。除了内部建设,英国伦敦城市群的各高校还大力发展与国际组织、国际知名企业的合作,为学生的全面发展提供丰富的资源并创建良好的平台。伦敦大学学院与谷歌、微软等跨国大企业开展合作,受到相应的财政支持。建立国际合作是许多大学的重要发展战略,比如,为实施大学国际化的发展战略,南安普顿索伦特大学建立了海事中心与航海发达国家企业的直接合作,将船员培训项目直接纳入课程教学。英国伦敦城市群的各高校主要采取以下几种合作类型:广泛获取各方资源;跟踪最前沿的发展需求;有效转化大学科研创新成果,使全球大学的相关发明者、科研参与者均可从中获益,进一步推进全球学术的共同发展;提供企业实习的机会,在实践中培养人才;接受成功校友的捐赠和合作,各方都可从中获利,以此形成良性发展的循环。

(6)英国伦敦城市群大学具有开放性和国际性。开放性和国际性是英国伦敦城市群大学的主要特点,牛津大学和剑桥大学则是开放性和国际性的典范。也有不少其他大学实行开放性的教学政策,包括在伦敦金融城的伦敦大学学院商学院,大学师生的国际化比例和经费来源方面均体现了高度的国际化。开放的环境能够促进多元文化的交流,国际化的建设为新思想和新文化的产生提供了平台;不断开放发展的高等教育也有助于进一步缩小贫富和文化差距,促进阶层流动。

3.1.2 近年来英国高等教育发展的新趋势

在1963年前,英国高等教育奉行的是传统的精英教育,英国高等教育委员会《罗宾斯报告》的发布让英国高等教育开始转向大众化教育。1992 年,梅杰政府《继续教育与高等教育法(1992)》的颁布更是进一步加快了大众化教育的趋势。2017 年,英国政府《高等教育与研究法(2017)》的颁布是英国高等教育现代化变革的重要指南。总体而言,英国高等教育发展呈现如下五大趋势。

(1) 主动全面应对英国"脱欧"。"脱欧"引发了新一轮全球学生和人才流动,以及全球大学排名格局的变化,进一步影响到国际高等教育的发展。英国"脱欧"后对其高等教育的发展产生了一定的不确定性,主要体现在 4 方面:欧盟资助的高校科研项目能否继续?欧盟高等教育一体化的进程是否会中断?欧盟生源会不会减少?欧盟学生交流项目会不会受到负面影响?基于这些不确定性,英国政府和高校主动应对"脱欧"对其高等教育的重大影响,全面分析、研究、判断并出台了一系列防控政策措施来应对"脱欧"的问题,降低"脱欧"导致的英国高校研究经费和国际学生的减少以及科研人员的流失影响。

(2) 市场化变革进一步深化。20 世纪 80 年代,受经济危机、自由思潮、工业发展和人力资本建设理论等多方面影响,英国高等教育改革推崇市场化发展,提出四方面的改革措施:一是高等教育管理架构的调整。对曾由英国创新与技能部管理的大学做出调整,教育部重新负责高等教育事务,商业、能源与产业战略部则负责科学事务。二是大学拨款方式的改变。高校开始采取收费制度,向每名学生收取年费约 1 000 英镑,2005 年费用涨到了 3 000 英镑,2012 年上涨到 9 000 英镑,2018 年进一步涨到 9 250 英镑,学校向学生征收的费用大幅增加。三是对高等教育进一步放权。英国高等教育拥有了更多的自主权,其中包括学生事务办公室拥有更名审核权,学校拥有按实际情况确定招生计划的权利。四是高校办学质量的严格监管。为督促高校提升办学质量,学生事务办公室被赋予更多的监管权。

通过以上政策改革,英国高校市场化发展表现出以下 5 方面的特征:大学办学商业化,争取更多的办学经费成为大学的关键办学评价指标;大学教育商品化,大学的公益性质被弱化,强调大学资金的投资与收益;大学资源竞争化,大学通过各方面的政策在市场上竞争生源、科研和办学的经费;大学建设企业化,大学具有企业运营的一些性质,表现为行政管理地位的提高,即行政管理人员为主、学术人员为辅;学生成为消费者,学生在大学中的角色类似于教育消费者,而大学的角色则是教育服务提供商。

(3)人才培养模式出现新变化。英国高校的人才培养模式主要表现出以下4个趋势:

第一,尽力兼顾融合科研与教学。高等教育按传统的发展态势划分为科学研究型高校、应用技术型高校和社区职业类学院。各类型学校依据自身独特的定位和建设目的,采取不同的人才培养模式和教学方法。近年来随着英国政府在卓越科研评估框架和卓越教学评估框架等方面的改革以及教育市场化的转变,各高校逐步改变了非平衡发展的做法,即仅重科研、轻教学或者仅重教学、轻科研,要求教学与科研并重。由此,改革措施包括,英国学生事务办公室可对教学评估效果不好的高校发放建议书,要求并督促其提高教学质量,否则就限制该校学生申请贷款的名额或控制该校学生的签证数量。在此规定和改革的督促下,牛津大学、剑桥大学实行学院制和导师制的双轨制,以此兼顾科研与教学。其他大学也纷纷进行变革,如罗素大学集团中的一些知名大学逐渐开始寻求科研与教学并重的发展策略。

第二,注重创新创业教育。英国政府明确规定,各高校必须每年报告学生创业情况,以促进学生创新创业的发展。各高校为配合该政策的实施,鼓励学生深度参与创新创业活动,并制定规划、设立机构、提供资源、分发资金和出台激励政策。例如,2016年,伦敦大学学院制定了"2016—2021年创新与企业战略",并设立创新与企业合作部,旨在加强与创新合作伙伴和企业的互动,在实践中提高学生的就业竞争力;伦敦帝国理工学院也在若干年前建立了创新创业的评估系统,成立创业实验室,以开放的环境和良性的政策来激励和培养下一代创新者和企业家。目前,该校在创新创业方面已取得较好的进展,依靠创业实验室成立的公司达140家,融资3000万英镑。除此之外,帝国理工学院为促进教学研究和商业的良性发展,推动高校科技成果的商业转化,还通过帝国创新集团旗下的帝国理工创新服务公司将教学研究中的创新成果转移至公司;南安普顿索伦特大学建立创意中心,开设创意企业课程,以此培养学生的就业能力。学校还设立了未来中心,从自信、能力和关系三方面提高学生的心理资本、人力资本和社会资本。

第三,全面加强学校与企业的合作。企业资助是高校经费的来源之一,这一现状也让英国高校更加重视与企业的合作。例如,2014 年,帝国理工学院在"2015—2020 年发展战略"中提出教育发展的四大支柱,其中第三支柱就是与合作伙伴建立合作共赢的发展战略;伦敦大学学院制订了与 400 家企业的合作方案,与 100 家企业的非正式合作方案;南安普顿索伦特大学把校企合作、校地合作作为学校质量提升和持久发展的基本战略。

第四,推进学历学徒制改革。英国政府在 2013 年实施学历学徒制改革方案,目的在于推动企业深度积极地参与办学活动,提高学校与企业合作的效率。该改革方案具体规定了大型企业的业务包括缴纳学徒税,与政府共同分担学费,当然也赋予企业参与设计相关标准的权利。学徒制的一般程序为:雇主同意招收学徒后,学徒、雇主、高校三方签订协议,协议中需要明确规定各方的职责和义务,雇主须承诺至少 20% 的脱产学习时间,雇主承诺有机会得到政府的经费支持。七级学位是学徒制的最高学位,相当于硕士研究生学位,六级学位则相当于本科学位。然而,该项目推出初期,不少高校不愿加入,平均申请比例不高。为增加学徒制项目的参与人数,英国政府明确表示,将显著增加英格兰地区的学历学徒作为发展目标。

(4)国际化趋势越来越明显。大学排名的重要指标之一是国际化水平。较高的国际化排名往往能争取到更多的国际学生,英国各类高校也将国际化发展作为重要战略。国际化的六大支柱一般认为是国际声誉、学生国际体验、国际校友、科研活动国际合作、教师员工国际化和国际合作伙伴。英国各校推进国际化的举措众多,主要体现在以下三个方面:一是制定国际化的发展战略。例如,伦敦大学学院提出五大国际化战略驱动力因素,以打造"伦敦的国际化大学"。萨里大学的国际留学生比例约为 31%,而且毕业生就业率极高,达到了 91%,长期位于英国毕业生就业排名第一,这是萨里大学近年来排名迅速上升的重要因素之一。圣玛丽大学学院提出希望将国际学生比例提高到总人数的 25%,并在 2015 年发布的《2025 年发展愿景》中将"合作与国际化"正式作为学校发展建设的三大重点之一。二是不断加强科研和教学。英国高校紧密开展科研和教学实践活动。三是充分利用知名校友吸引全球优质生源和培养建设一流教师团队。目前,英国高校外籍学生占比达 20%,某些知名大学的外籍学生占比高达 50%,外籍教师和外籍职员占比也非常高。例如,伦敦大学学院有 47% 的非英籍本科生,42% 的非英籍研究生,25% 的非英籍教师,33% 的非英籍职员。

(5)英国政府不断变革自身在大学治理中的角色与方式。英国政府在大学教育发展中起到了至关重要的作用。英国政府将高等教育视为知识经济背景下的高端产业,认为发展高等教育是增强国际影响力、提高国家核心竞争力的决定性因素。为此,政府不断探索,积极构建符合知识经济和市场变革的高等教育机制。在其不断探索和改革经验中,总结出以下 3 点关键要素:

一是政府教育管理体制的改革。将高等教育管理部门调整为教育部,设立新的教育相关机构和部门,包括高等教育监管机构——学生事务办公室,发挥教学监管职能;设立英国科研和创新委员会、英格兰科研委员会和英国创新委员会,主要职责为促进知识交流与创新,管理英格兰高等教育拨款委员会的科研经费等事宜。

二是高校有关事务的严格管控。根据 2017 年英国政府通过的《高等教育与研究法(2017)》,学生事务办公室有权监管以下事务:办学质量与教学水平、风险防控、信息公开与竞争、经费分配与投入等。这些体现了英国政府以学生为中心的教育理念,响应了对高等教育市场化监管的改革措施,同时反映出政府对高等教育有较高的重视与管控。

三是教学科研质量的监控。教育的不断变革让英国政府更加重视教学和科研建设的质量。政府采取一系列相关措施来评估高校的教学和研究质量,如科研卓越框架、教学卓越框架和学生满意度调查。为确保和提高高校的教学质量,政府不但授权学生事务办公室开展教学卓越框架评估工作,还明确规定评估结果将作为大学提高学费标准的参考依据。在高校科研经费的拨付和科研项目的安排方面,政府依据科研卓越框架的评估结果,前 12 位的知名大学可获得 50% 的科研经费,其他大学只能分配剩余的 50%,以此作为激励和优化分配的机制。

3.1.3　高端教育产业联动——英国剑桥科技园

英国高校积极响应科技发展,创建良好的科技孵化环境,越来越注重科技建设。剑桥大学圣三一学院为充分利用传统的科学和创新优势并加速科研成果的推广,于 1970 年在校园内建立剑桥科学公园。有 10%~15% 的高技术公司入驻科学园,许多国际大公司在科学园内开设分公司,形成了整个剑桥地区良好的高技术工业发展生态。剑桥科技园区的发展创造了"剑桥现象"。剑桥大学为协调各院系间以及院系与企业之间高效的合作,成立了沃夫森产业联络办公室。该办公室的主要职责在于提供技术咨询、数据整合、市场分析、商业建议、合作链接、拟订合同等全方位的服务,不少高科技企业在此孵化,推进了第二次公司创业浪潮的到来。目前,剑桥大学周围聚集了 1 200 多家高科技企业,以每年高达 40 亿英镑的贸易额,使该地区成为欧洲最为璀璨夺目的高科技聚集区。其大学服务企业有三种主要形式:一是专利转化。任何专利的权利人,包括个人、课题组或院系,都可以自主转化所拥有的专利。二是创办、衍生产业公司。剑桥大学成立了剑桥大学技术服务有限公司,代表剑桥大学同产业界进行贸易洽谈、签订协议,以剑桥大学的科技成果为投入取得股份;利用产业公司的金融优势,成立上市公司,发行股票,为成果转化筹集更多资金。大学科技成果的商品化,导致大量高科技公司围绕一项或数项科研成果而诞生和发展,这种现象为"衍生"。剑桥大学衍生公司的数字处于动态变化之中,但目前分布在剑桥及其周围地区的高科技公司中,多数都与剑桥大学有着不同形式和层次的联系。三是兴办科技园。科技园作为高新技术研究与开发的基地,使之在科研成果到生产技术再到商品的过程中发挥孵化、催化作用,是促进科研成果转化为现实生产力的有效途径。剑桥科技园区蓬勃发展的原因主要在于其在较少的政府支持之下,通过商业化和市场化建立了适合自己的独特的生态系统。

3.2 美国东北部城市群

美国东北部城市群范围广阔,其中特大城市包括波士顿、纽约、费城、巴尔的摩、华盛顿等,还有 10 万人以上的中小城市约 40 个。该地区制造业产值占全美总产值的 70%,城市化水平更是普遍高达 90% 以上,被公认为世界最大的金融中心。繁华的美国东北部城市群同样也是名副其实的世界级高端国际教育中心。

在全球经济和产业经历巨大变革的背景下,美国经济发展战略发生重大转型。由于全球化和国际分工,去工业化过程导致美国产业空心化,进而引发技术人才外流、核心技术流失和高端制造业优势减弱等问题。为了改善低迷的就业环境,积极面对经济全球化的巨大挑战,美国力图通过培养大量高端技术人才来转变经济发展格局,以此为经济发展提供一个新基础。美国作为世界上发达国家的典型代表,其"新经济"模式和"再工业化"战略受到各国的关注,特别是高端教育领域的发展,始终是各国效仿和学习的对象。

2020 年 12 月我国教育部公布的《2019 年度出国留学人员情况统计》数据显示,近 3 年来,我国出国人数呈上升趋势,2019 年度我国出国留学人员总数为 70.35 万人,较上一年度增加 4.14 万人,同比增长 6.25%。就目前而言,美国依旧是中国留学生最多的国家。2020 年 11 月美国国际教育协会(Institute of International Education, IIE)发布的《2020 美国门户开放报告》显示,在 2019—2020 学年,美国高校国际学生总人数为 1 075 496 人,已连续第五年接待了超过 100 万的国际学生,说明美国高校是国际留学生的首选,并且留在美国寻求机会获得实践工作经验的学生人数增长了 0.2%。由于新冠疫情影响,2020 年在美国高校就读的国际留学生人数出现下降,但对中国留学生影响未超预期,美国的中国学生数量连续第 16 年增加,中国依旧是美国最大的国际学生来源地,并在专业实习(optional practical training,OPT)政策的推动下,2020 年,中国研究生人数增长了 3%。目前,美国共有 37.2 万中国学生,占到美国全部国际生数量的 34.6%。在美国三大国际生源国中,中国学生总数大约是印度学生的 2 倍,是韩国学生的 7 倍。接下来在美留学生人数最多的依次是沙特阿拉伯、加拿大、越南、中国台湾、日本和巴西,与前几年情况相类似。

从地域上看,自 2016 年以来,国际留学生最喜欢选择的州始终是加利福尼亚州、纽约州、得克萨斯州、马萨诸塞州、伊利诺伊州、宾夕法尼亚州、佛罗里达州、俄亥俄州、密歇根州和印第安纳州(见表 3.3)。加利福尼亚州和纽约州是国际生们首选的州。

表 3.3　2016—2020 学年留学生人数最多的美国各州

排名	州名	2016—2017 年(人)	2017—2018 年(人)	2018—2019 年(人)	2019—2020 年(人)	同比增长率(%)
1	加利福尼亚州	156 879	161 942	161 693	160 592	-0.7
2	纽约州	118 424	121 260	124 277	126 911	2.1
3	得克萨斯州	85 116	84 348	81 893	77 097	-5.9
4	马萨诸塞州	62 926	68 192	71 098	73 695	3.7
5	伊利诺伊州	52 225	53 362	53 724	51 966	-3.3
6	宾夕法尼亚州	51 129	51 817	51 818	50 070	-3.4
7	佛罗里达州	45 718	46 516	45 957	46 221	0.6
8	俄亥俄州	38 680	37 583	37 314	35 508	-4.8
9	密歇根州	34 296	34 049	33 236	31 408	-5.5
10	印第安纳州	30 600	29 984	29 083	28 136	-3.3

资料来源:根据美国国际教育协会发布的《2020 美国门户开放报告》数据整理而得。

排名第一的是加利福尼亚州,这里也是美国另一个著名的硅谷城市

群所在之地；排名第二的是位于美国东北部的纽约州，其国际生增长
2.1%，中国学生占到了39.3%，其中大多数国际生就读于纽约大学、哥
伦比亚大学、纽约州立大学布法罗分校和康奈尔大学。纽约大学已连续
7年国际学生人数排名第一，主要原因在于纽约作为全球的金融中心，
享有华尔街的盛名，许多世界500强的总部亦坐落于此，以及中国人喜
爱的法拉盛和唐人街都位于此。除纽约大学外，纽约州也是名校云集，
包括哥伦比亚大学、福特汉姆大学、康奈尔大学、雪城大学、罗彻斯特大
学和叶史瓦大学等，美国东北部城市群优质的教育资源、便利的生活环
境、闻名的学校生源吸引了许多学生前往。另外，马萨诸塞州作为美国
东部颇具精英式教育风格的学术重地，有着诸多世界顶尖知名大学，如
哈佛大学、麻省理工学院、波士顿学院、塔夫茨大学、威廉姆斯学院和阿
姆斯特学院等，颇受国际学生的喜爱。

2020年，美国有超过一半的国际学生攻读STEM方向的热门专
业，包括科学（science）、技术（technology）、工程（engineering）、数学
（mathematics）的相关学科，其中：工程学是攻读的主要研究领域，
20.5%的国际学生申请该领域专业；数学和计算机科学是第二领先的
研究方向，攻读该领域的国际学生人数共有205 207，与上年相比增长
0.9%。下降幅度最大的是建筑专业，降幅高达53%；其次是通信技术，
降幅20.9%；此外，教育专业人数也在减少。来自中国的学生，这一学
年也有所改变，学生学习最多的专业是数学和计算机科学（占比
21.2%），其后是商科（占比17.5%）、工程（占比17.5%）、社会科学（占
比9%）、物理和生命科学（8.4%）。STEM持续热门与美国就业环境有
关，说明学生更多注重留学的实用性和性价比。

3.2.1　美国高等教育的发展历程

美国的高等教育起源于17世纪初叶的殖民地时期。最早的一批高
等学院以哈佛学院为代表，建立者是因受英国教会迫害而移居北美殖民
地的清教徒，其建立学院的初衷是为了传播宗教以培养后继之人。经过
18世纪的缓慢发展，美国迎来了高等教育发展史上重要的19世纪的

100 年。在前 60 年中,主要发展具有完全公立性质的州立大学和学院;在后 40 年中,主要发展具有完全公立或部分公立性质的赠地大学;而其中最后的 25 年,发展了具有划时代意义的、影响整个美国高等教育发展进程,乃至到 20 世纪影响世界高等教育发展的美国研究型大学。20 世纪初,为适应社会和工农业生产进一步发展的需求,培养中等层次人才的两年制学院应运而生。美国大学和学院的发展经历了以下几个阶段。

(1) 殖民地时期的美国高等教育。美国高等教育最初的形式是殖民地学院,诞生于英国殖民地时期,由教会创办。1636 年,哈佛学院最初由英国殖民者在马萨诸塞州创建,它的建立标志着美国高等教育的开端。从哈佛学院建立到北美独立之前,北美殖民地先后创立了 9 所学院,分别是威廉·玛丽学院、耶鲁学院、新泽西学院、费城学院、国王学院、罗德艾兰学院、女王学院、达特茅斯学院以及哈佛学院。这些学院都受教派控制,以培养教士为宗旨。以哈佛学院为代表,其办学方针基本照搬英国大学的古典教育模式,标榜博雅教育,崇尚经院哲学,古典文学和语言是课程的核心,以拉丁语为教学用语。这些学院初办时规模均很小。以哈佛学院为例,仅有 1 名校长,几名导师和管理人员,20～50 名住宿学生,直到 1655 年方增至 4 个年级。由于欧洲启蒙运动的影响和殖民地内部经济政治的发展等原因,世俗力量对这些学院的影响不断加大,其培养目标后来有了改变,不仅培养教士,也培养政府官员和专业人员,在教学中甚至出现了以职业训练为主的内容,这为后来美国社会政治和经济文化的发展提供了人才基础。

(2) 州立大学的产生。1783 年美国独立战争的胜利结束了英国的殖民统治,开始建立联邦形式的资产阶级政治制度。美国宪法的制定和人权法案的通过,为后来美国的教育摆脱教会控制提供了法律保证。随着领土的扩大,资本主义经济的迅速发展,欧洲移民的大量涌入,联邦政府对科学技术的重视等,美国的高等教育走上了积极变革和演进发展之路。新的州在西部和南部建立,也增加了对人才的需求。此时新政对教育的促进也开始显现,由此产生依靠公款办学的州立大学。1825 年,弗吉尼亚大学的建立就是深受法国大革命启蒙思想的影响,该大学是按照美国民主主义和自由主义思想建立起来的杰出大学的代表。创办者是美国第三任总统托马斯·杰斐逊(Thomas Jefferson)。崇尚民主精神的杰斐逊在该校贯彻"人才自由"和"学术自由",延聘优秀学者任教授,极力推行选课制,允许学生在课程选修方面享有完全的自由,力图将该大学办成"学术自由、科研氛围浓厚、学术面宽广和现代化的学府"。

到19纪中叶南北战争开始前,美国的州立大学和学院已获得迅速的发展,当时全美27个州中有25个州建立了此类大学和学院。其中,著名的有密西根大学、明尼苏达大学、威斯康星大学、印第安纳大学、密苏里州立大学、依阿华州立大学和加州大学伯克利分校等。

(3)赠地大学的兴起。美国赠地大学和学院的发展源于1862年林肯总统签署的《莫里尔法案》的实施。该法案由佛蒙特州议员贾斯廷·莫里尔(Justin Morrill)倡议,因此得名,其规定,存在国会议员的州,每人可获得联邦政府分配的3万英亩土地,州政府也可以选择出售此土地,将出售款项资助已有学校,并积极开办新的大学,号召增设农业和技术教育。该法案的实施极大地刺激了美国高等教育的发展,对教育拥有自主权的各州在法案规定的范围内采取不同的方式发展高等教育,如创立新的农工学院、创立以农业和机械工程为主的州立大学,或在已有的州立大学或私立大学中设立新的农工教育计划,或将赠地基金与私人捐赠一起用于建立新的大学和学院等。以上制度使得赠地大学和学院成为美国独特的高等教育类型。随后,美国国会又通过了多项法案,使资助高校的措施得以加强。位于美国中西部的一些著名大学,如普渡大学、衣阿华州立大学、伊利诺伊大学、威斯康星大学等都是赠地大学。这些大学在教育发展设置和实际应用培养上,密切结合本州工农业生产的需要,招收大量本州的当地学生,为之后美国中西部的开发发挥了举足轻重的作用。

这段时期美国高等教育的重点是专业教育和工程技术教育的发展。殖民地时期,为教士、律师、医生等职业培养人才的专业教育多以学徒方式开展,之后才演变成哈佛、耶鲁等学院设置的神学讲座、法学讲座和医学讲座等,随后又发展成为神学院、法学院和医学院等专门学院。州立大学的兴起,使专业教育的发展趋于成熟。从 18 世纪初期起,物理学、天文学、地质学、地理学和植物学等学科均在大学课程中取得地位,古典哲学被分为自然哲学和道德哲学,后者进而分化为政治学、经济学、人类学、法律学和历史学等。由此,高等院校脱离神学的羁绊,发展专业教育逐步成为主流。

(4)研究型大学的创立。美国研究型大学的出现,得益于当时德国领风气之先的办学新思维。

19 世纪初期,普鲁士教育大臣威廉·冯·洪堡(William Von Humbldt)等人对柏林大学进行历史性变革,柏林大学提出的"学习自由""教授自由"和"教学与科学研究统一"等新思想,打破了中世纪大学守旧的传统,使柏林大学发展成为新型大学的典范。选课制、讨论班制、讲座制、实验观察法、教授治校等新体制、新方法纷纷得以实施,确立了柏林大学在世界高等教育中的领导地位。普鲁士教育是现代教育的起源。许多国家的学者慕名纷纷到德国求学或从事科研,1815—1915 年,有 1 万余名美国学者到德国学习访问,此期间,先后访问柏林大学的美国留学生超过 5 000 人。

这些美国学者从德国回国之后,许多人在大学任教并担任了领导者,因而将德国大学的许多新观念和新方法带进美国大学,从根本上改变了美国大学的面貌,其标志就是研究型大学的出现。这些大学向研究型大学的转变是通过两条途径得以实现的,一是重点创建研究生教育,结合科学研究与人才培训,从本科教育与研究生教育的关系上体现得更明显,代表学校有约翰斯·霍普金斯大学;二是效仿英国大学的建立模式,改造成新型的美国大学,代表学校如哈佛大学、耶鲁大学和哥伦比亚大学等。

约翰斯·霍普金斯大学的创立标志着美国大学时代的开始,它是首个将建立完善的研究生教育体系放在第一位的学校,授予博士学位和开展科研也因此成为一所学院转变为大学的必备条件,也使拥有博士学位成为在大学从事教学与科研工作的必备资格,其影响跨越了时代的演进直到现今。成功创立的约翰斯·霍普金斯大学成为高等教育建设的范本，哈佛大学、耶鲁大学、哥伦比亚大学等传统学院和州立大学也开始纷纷效仿，加快了美国现代大学改革的进程。1900年，为促进大学间的合作和共同建设，美国大学协会正式成立。该协会以严格的研究生教育成果和卓越的科研成绩作为接受会员学校的条件，满足条件的首批12所大学成为美国大学协会的会员学校。第一次世界大战时期，麻省理工学院和加州理工学院也被该协会接受。到20世纪20年代，已入会的16所大学被公认为美国最早的研究型大学。这些学校分别是：哈佛大学、耶鲁大学、宾夕法尼亚大学、普林斯顿大学、密西根大学、加州大学、康奈尔大学、哥伦比亚大学、约翰斯·霍普金斯大学、斯坦福大学、威斯康星大学、芝加哥大学、明尼苏达大学、伊利诺伊大学、麻省理工学院和加州理工学院。

（5）两年制学院的出现。美国两年制学院出现于19世纪末20世纪初，其产生与发展离不开美国社会生产力结构的发展，更离不开教育民主化思潮的推行和教育机会均等化观念的广泛传播。最初创立的初级学院旨在向社区内无法负担教育成本和缺乏能力进入高等学校的学生提供大学的基础教育，此类初级学院最早出现的伊利诺伊州和加利福尼亚州即是如此。但不久便发现仅仅为此目的难以满足社区的需要，于是一些学院开始增设职业技术课程，如商业、教育、文秘、法律、医疗卫生、工程预测和实验室技术等。由此，初级学院的发展便与四年制学院或大学一、二年级的教育有了区别。之后，初级学院的功能继续扩展，包括提供转学准备教育、职业培训教育、课外补习教育、专门技术教育、成年继续教育和社区工作教育等。由于初级学院办学目的的综合性，所设课程的多样性，以及所提供的教育的多方面适应性和广泛群众性，使它成为20世纪以后美国发展最快的一类高等教育。1900年，全美的初级学院全部为私立，共8所，到1921年发展到207所，其中公立70所、私立137所。美国初级学院协会的成立标志着该类学院已得到认可，开始作为重要的高等学校类型之一。

（6）高等教育大众化时期。20世纪40年代，美国高等教育的毛入学率提升到了 15%,这标志着美国成为世界上第一个实现高等教育大众化的国家。一是社区学院大量发展;二是政府成倍增加教育投入,通过贷款计划和奖学金方案资助经济上有困难的学生;三是重视普通科学文化教育,大力支持基础学科的基础理论课程安排;四是不断改革,调整高校课程,完善授课内容,课程设计迅速反映科技发展的最新成果,大学增设跨学科和边缘学科课程,以加强跨学科交流和冷门学科研究。改革的实施让美国的高等教育在日后的科技革命中一直保持全球领先水平。1950—1970 年,美国四年制本科生数量增加了 1.5 倍,研究生数量增加 2 倍多;两年制社区学院学生增加了 9 倍,1965 年的毛入学率也普遍提高到 41.18%。

(7) 高等教育普及化时代。优质的教育培养优质的人才,优质的人才创建优质的劳动力市场。美国高等教育的内部结构与人才培养结构反映了人才培养与劳动力供给的关系,表现为如图 3.1 所示的金字塔形。

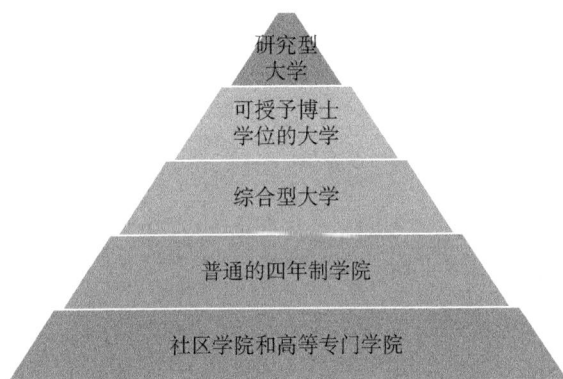

图 3.1 美国高端教育基本宏观结构

资料来源:刘海涛.集成创新:美国高等教育发展史及启示[J].河北师范大学学报(教学科学版),2015(3):62-65.

第一层即金字塔的最下层是社区学院和高等专门学院。该层的定位是普及型的高等教育,按照创办目的不同,细分为学术型和职业型,一般两年修完毕业,可授予准学士学位。学术型的学生在顺利毕业后有机会转入高层次的大学三年级继续深造。社区学院学费低、学年短,课程设置往往针对本社区的需求,便于学生就业和升学。该类型学生往往就近入学,没有住校要求,从而降低了生活费用。这类学院因其普及性和经济性的特点在美国发展迅速,据统计,现阶段此类学院的数量超过2 000所,占美国高校总数的60%以上。

第二层是普通四年制学院。这类高校规模较小,没有研究生院,以文理科课程为主,工科和职业教育课程为辅。学生在此类学院最高可获得学士学位,目前这类学校在美国有500多所。

第三层是综合型大学。这类大学教授更加广泛的课程,包括文、理、工程、农业、工商管理等。系科建制较齐全,设有研究生部,但一般最高学位只能授予硕士,没有博士课程。这类大学目前在美国有600所左右。

第四层大学拥有授予学生博士学位的资格。这类大学现有400多所,学生数量众多,大学规模较大,教学水平较高。

第五层是金字塔顶尖的研究型大学。美国目前有这类大学160多所,其中最顶尖的约有50所。这类大学的学术水平很高,注重教学,更强调科学研究。

3.2.2　美国高等教育的管理体制

从宏观管理的角度看,美国高等教育管理实行地方分权制,各州和大学有很大的自主权,受联邦政府影响较小。因此,各州可以因地制宜地制定和实施本州的高等教育法和高等教育管理规则,选择适合本州实际情况的高等教育事业发展路径。一般来说,公立大学在一定程度上由政府领导,私立大学则有更大的自主权,在法律允许的范围内自行运作,不受任何政府部门的控制。联邦政府和国会一般无权管理或制约高校,但可以通过制定法律政策、发放财政资助、设立监管渠道、签订政府和学校的科研合同等方式参与学校建设。这一分权制可以让美国大学根据所处社会环境、地域背景和州内实际情况调整办学方针、设置课程规划、组建师资力量和创建组织管理等,以适应经济和社会发展需求。

更重要的是,这一分权制兼容并包,保障了各地高校不同的传统文化,促进了高校间的竞争合作,推动了教学和科研的发展。哈佛大学文理学院前院长罗索夫斯基将竞争性作为美国高等教育最不寻常的特点之一。为争取优质的教员和学生、充足的科研经费、良好的社会声望等,美国同类大学竞争激烈。为吸引德高望重的教授和高水平高能力的研究生,即使地域上相距甚远的哈佛大学和斯坦福大学依旧在各方面开展激烈的竞争。当然,美国大学之间也主动开展高校间的横向联合,合作发展、促进成长。例如,斯坦福大学和伯克利大学既是激烈竞争的对手,也是合作伙伴。两校之间每天都有通勤班车往来;两校学生可以互选对方的课程而获得本校承认的学分;教师相互兼课,参加共同科研项目。

从微观管理的角度看,美国大学实行标准运行程序制度化管理,用明确的规章制度而非人为情感来治理学校。制度详细约束校长在内的所有大学管理人员,规定按照制度进行管理。规章制度涉及面广泛,对学校各方面工作都有非常具体的规定,例如科学研究、项目分配、行政管理、财务管理、教学工作和学生事务等,对每一管理人员的职责范围也有明确规范。这一规章管理体系促进了大学管理透明化和规范化的建设。

从中层管理的角度看,美国大学实行校、院、系三级管理。例如,斯坦福大学下设 8 个学院,哈佛大学下设 9 个学院,加州大学伯克利分校设十几个学院,学院再下设立系。中层管理结构主要是指院级的管理机构。美国大学学院有权聘用教师、制定学院规则、颁发学位、设置课程、建立学术项目和管理学生活动等,无需由校级批准。教授有终身制,管理人员没有终身制。

3.2.3　美国高等教育的教学理念与教育制度

美国高等教育有其独特的教学教育理念。在美国人眼中,大学本科教育是一个自由人最基本的教育,只有接受了大学本科教育才可以建立批判性思维,并成长为一个理性的人。因此,美国大学本科教育被称为"自由教育",最初指的是给自由男人的教育,而自由男人是区别于那些奴隶、工匠等听从他人命令而缺乏思想自由和行为自由的人。自由的男人有选择生活方式的权利和机会。近现代,自由教育逐渐成为大学教育的代名词,与之相对应的是职业教育。自由教育的特点在于,它强调对"人"的教育,而不是对"技艺"的教育,它关注的是用有效的方法培养有独立思考能力、正确价值观念和道德操守、兼容差异并存的个体。

美国大学生在大学一年级时并无专业之分,只需要学习一些公共科目。科目范围广泛,涵盖几个大系:文学、数学、艺术、哲学、人文、社会、历史、科学等。此做法的目的在于,希望学生在接受广泛的教育,清楚认识自己的长处和喜好,了解各个学科的内涵后,再开始选择自己喜欢并且愿意进一步学习的专业。与此同时,学生并不会被限制于所选专业,依然有机会选择专业以外的课程。

美国教育课程设计丰富,主要体现在课程种类繁多、选退课自由、课程内容实用、理论与实际充分结合。学校也尽力为学生创造第三方公共资源平台,统一管理教学。在这一平台上,学生可以下载每节课的教学讲义和练习资料。每门课的教学大纲会在一开学就公布在平台上,每周的计划安排都会清楚告知。课程的设置也非常详细,往往第一节课教授就会公布课堂秩序、学期课程安排和评分标准等,课程进度严格按照课程大纲。美国教授的评价体系非常严格,要想被选评为杰出教授,必须具备以下至少两项要求才有参选资格:领导才能、研究能力、授课水平或社区服务。这一评选制度也从侧面激励老师更加努力地执教。

除了独特的教育理念,美国高等教育也有其独特的制度:

(1)选换专业制度。学生选换专业的自由度较高。在美国,本科生和授课型硕士生都有权利自由换专业,而对于非授课型硕士生及博士生,通过导师的接纳也可成功转专业。教授导师对硕士生与博士生的录取具有决定权,不受学院干涉。更重要的是,在专业和就业指导上,美国高校每年会定期举办职业咨询会,在校学生都可以对各专业的就业前景及其他疑问进行咨询。该制度的宗旨是为了帮助学生充分挖掘个人专业兴趣,进行指导性的人生规划。

(2)选修双学位制度。美国高校对选修双学位的学生政策友好,有兴趣修双学位的学生只需修满双学位专业的课程学分即可。相比而言,世界上其他国家的很多高校学生选修双学位的权利会受到平均学分绩点(Grade Point Average,GPA)排名的影响,往往只有本专业 GPA 排名前列的学生才有可能获得学院批准选修双学位,而美国大学更加自由,尊重学生自由选择的权利和对不同领域学习的兴趣。

(3) 选退课制度。美国高校的选退课制度也体现了尊重学生的自由和兴趣,并且选课程序简单统一。个人课程的选择都是独立的,即使同一个专业的学生选择的课程也非常不同。除了专业必修课外,学生有权选择其他任意相关选修课,不仅局限于本专业课程,跨专业选课也非常常见。同样,退课也很常见并且操作容易,还可以请辅导老师指导选退课。很多学校规定,在每学期开课前两个星期内学生可通过网络平台自由选退课,学生可以先旁听课程,再决定自己是否有兴趣学这门课。一般的课程都会有期中考试和期末考试。值得指出的是,期中考试之后,每位老师都会为班里同学进行期中评估,并邮件提醒成绩在 C 以下的同学应该更加努力。教授的人文关怀也是美国大学学习的特点之一。

(4) 高等教育捐赠机制。第二次世界大战之前,几乎没有大学可以获得联邦政府的科研资助;战后,大学教育的成果充分促进了尖端科技的研发,这也使得联邦政府开始向大学投入更多的科研经费,鼓励企业与大学的共同研发,开启联邦、大学和企业三方合作的模式。从此,研究型大学进入发展的黄金阶段。以联邦资助为主、捐赠所得为辅的方式成为美国研究型大学经费的来源渠道。2008 年金融危机爆发,为缩减政府财政赤字,联邦政府大规模缩减资助大学的经费,大学捐赠基金也因货币资产的大幅贬值严重缩减。哈佛大学和耶鲁大学在 2009 年收到的捐赠基金(包括新捐款)下降了近 30%,麻省理工学院和伯克利大学的捐赠基金也下降了 20%。但随着金融危机的逐渐消退和金融市场的复苏,捐赠资金有所提升。2016 年哈佛大学获得了累计 345.42 亿美元的捐赠。及时的捐赠像关键时刻救命的稻草一般,为美国研究型大学在资金紧张的情况下依旧保持卓越提供了强有力的物质支持。捐赠开始作为世界一流研究型大学建设的重要发展战略之一,也成为衡量大学实力水平的参考指标之一。

3.2.4 美国东北部城市群高等教育的现状

从美国大学的整体分布看,人口密度最高的东北部城市群坐拥数量最多的大学。不仅如此,该地区的大学在质量上也首屈一指,全美50%的一流大学皆汇聚于这个不足美国本土面积17%的地区,形成了一个以优质大学为核心的高端国际教育中心。在东北部城市群中,高端教育最发达的州是位于新英格兰地区的马萨诸塞州。现代的马萨诸塞州,尤其是波士顿,是生物技术、工程、高等教育、金融和海上贸易的全球领导者。截至2020年,马萨诸塞州共拥有大学185所,每平方英里拥有大学0.0236所,每10万人拥有大学0.268所;2020年US-News美国大学十强高校2所,排名第1,百强高校10所。马萨诸塞州拥有美国其他州所没有的学术声誉,拥有美国历史最悠久、最负盛名的大学——哈佛大学,是美国成立的第一所大学,也是美国常春藤联盟的代表。哈佛校友尤其令人印象深刻,包括8位美国总统、30多位外国元首、62位在世的亿万富翁、158位诺贝尔奖得主、10位奥斯卡奖得主、48位普利策奖得主和108枚奥运会金牌。哈佛大学史密斯学院、曼荷莲女子学院和韦尔斯利学院隶属于七姊妹学院;麻省理工学院和伍斯特理工学院则被视为美国大学的科技先锋,也是这些领域的世界领导者;新英格兰音乐学校和柏克莱音乐学院是音乐学生们向往的学府;克拉克大学也因其心理学而闻名世界;乌兹豪海洋科学学院和海洋生物研究室则是独立研究机构的标杆。可以说,马萨诸塞州不仅是美国高等教育的发源地,更是美国现代高端国际教育的中心。

3.3 欧洲西北部城市群

欧洲西北部城市群在地域上是指大巴黎地区城市群、荷兰—比利城市群和莱因—鲁尔城市群,主要城市有巴黎、海牙、阿姆斯特丹、鹿特丹、科隆、安特卫普、布鲁塞尔等,10万人口以上的城市有40座,总人口4600万,总面积145万平方千米。欧洲西北部城市群高端国际教育中心的特色在于其高质量的教育保障体系和完善的社会福利联动政策。

3.3.1　欧洲独特的高等教育质量保障体系

欧洲在 20 世纪 80 年代初期兴起了质量管理革新运动,该运动促使欧洲最早开始建立高等教育质量保障体系。为提升毕业生就业竞争力和促进欧洲高等教育的流动性,欧洲 29 个国家于 1999 年根据《博洛尼亚宣言》启动博洛尼亚进程。从此,欧洲高等教育一体化将推进质量保障作为重要的发展改革战略。之后为建立统一标准的质量保障活动,促进欧洲高等教育的透明性和流动性,欧洲高等级教育质量保障协会(European Association for Quality Assurance in Higher Education, ENQA)在 2005 年发布了《欧洲高等教育区质量保障标准》(Standards and Guidelines for Quality Assurance in the European Higher Education Area, ESG2005),其成为欧洲高等教育质量保障的基石,并在推动欧洲高等教育质量活动的开展中发挥指导性作用。2015 年,ENQA 对 ESG2005 进行修订,形成了 ESG2015,该方案总结了 ESG2005 的实施经验并提出高等教育发展的新趋势,展现了与时俱进的发展特点。

目前,高等教育质量保障加强了欧洲高等教育的区域紧密联系,促进了高校间合作共赢的局面。博洛尼亚进程的推进也让欧洲高等教育质量改革的重心从输入转向输出,教学理念由"提供指导"转向"自主学习",关注主体由"以教师为中心"转向"以学生为中心"。为此,欧洲国际研究机构和质量保证机构在进一步促进"以学生为中心"的教育理念上采取了一系列积极措施,以此全面提升高等教育的内部质量,并设计了高等教育内部质量管理框架,更加注重学生能力的培养。学生理论认知能力和职业核心能力是该框架的核心要素,具体包括识别能力、能力评估、项目筛选、技能提升和实施评估等。

(1) 高等教育质量保障体系的理念与内容。ESG 旨在建立欧洲高等教育质量保障的通用标准,推进欧洲高等教育的流动性和提高其国际地位。鉴于欧盟不同成员国家在多方面的差异性和多样性,ESG 仅为高等教育质量保障活动设定了纲要性标准,而未规定具体的质量目标或实施过程,方案的灵活性保障了 ESG 的普适性。ESG 主要由三部分组成,即内部质量保障标准、外部质量保障标准和质量保障机构标准,三部分内容紧密融合、相互制约,是欧洲高等教育质量保障活动的根本。如表 3.4 所示,每一项标准都包含一个指南,用以解释标准的意义和描述标准的实施方法。其中,内部质量保障标准是外部质量保障标准的基础,外部质量保障标准确定了对内部质量保障标准的审查,外部质量保障活动得以有效开展的前提是质量保障机构标准。

表 3.4　欧洲高等教育质量保障标准内容(ESG2015)

内部质量保障标准	外部质量保障标准	质量保障机构标准
质量保障政策	对内部质量保障的考查	质量保障活动、政策和过程
专业设置与审查	设计适合目标的方法	官方认证
学生中心的学习教学与评价	实施过程	独立性
学生录取、进步、认证与认可	同行评议专家	专题分析
教师	结果的标准	资源
学习资源和学生支持	报告	内部质量保障和专业指导
信息管理	申诉	周期性的外部评审
信息公开		
专业的持续监控和定期审查		
周期性的外部质量保障		

资料来源:陈寒.欧洲高等教育区质量保障标准:发展与启示[J].中国高教研究,2018(6):90-97.

(2)以学生为中心的内部质量保障标准。高等教育质量保障体系的确立对不同参与主体做出了区别,分为外部质量保障体系和内部质量保障体系。内部质量保障体系灵活多样,由各高等院校自主建立和运行。为提升高等教育的内部质量,由欧洲研究机构和质量保证机构共同协商建立了内部质量管理框架,该框架以能力提升效果为绩效评价标准来设计课程体系和教学活动,以此实现"学生理论认知能力和职业核心能力"的核心目的。外部质量保障体系则由国家建立统一标准,由政府或社会主导的第三方教育机构监督、评估和审核。

其一,内部质量管理框架的构成。预期学生能力模型是欧洲内部质量管理框架建立的核心,其设计流程包括准备、实施和反馈。准备阶段的主要工作是明确各个实施步骤的目标和责任主体;实施阶段分解为定义能力、筛选能力和提升能力。在实施过程中需要保证利益相关方的全面参与,并按实际情况确定各利益主体的参与阶段、参与过程和参与方式等;反馈阶段会公布评估方法和结果,并针对每个阶段出具详细的反馈报告。三个阶段在实施过程中紧密相连,闭环循环往复,确保框架不断改进和完善,以促进高等教育内部质量的提升(见图 3.2)。

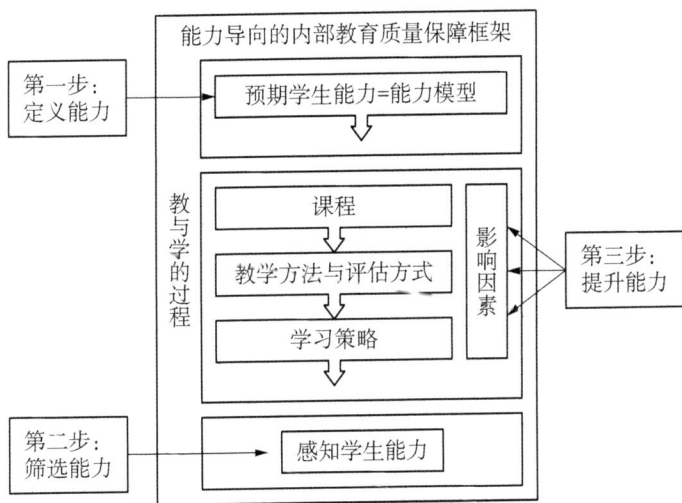

图 3.2　能力导向的内部质量管理架构

资料来源:魏丽娜."以学生为中心的学习":欧洲高等教育内部质量管理框架及其思考[J].重庆高教研究,2019(3):119-128.

其二,内部质量管理框架的实施过程。保证科学性和有效性是内部质量管理框架实施过程的主要方针,为此内部质量管理框架专门增设"准备阶段",安排内部质量管理小组(由决策者、行政人员、教师职工、学生代表等组成)来确保此阶段的顺利运行,并严格培训项目管理小组和所在高校,确保参与人员对内部质量管理目的和程序的深刻理解,以此提高后续内部质量管理框架实施中的合作效率。内部质量管理小组的职责包括但不限于向决策者报告框架程序的部署情况,定期组织召开准备会议和讨论实施阶段可能出现的问题。内部质量管理框架的实施分为以下3个步骤。

步骤1:定义能力。内部质量管理框架的基础是评估学习效果,因此需要通过设计最优的能力模型来衡量能力获得。学生理论认知能力和职业核心能力是需要评估的核心,制定能力清单也要从认知和实践这两个维度出发,详细规划学生能力训练计划。定义能力阶段首先要精准定义能力领域,然后按照领域创建分模块、分主题的知识结构。能力制定的目的一是需要满足定义能力的标准,二是需要确保能力的实际可操作性。在设置能力时要求明确划分多样的发展水平和发展维度,为持续推进奠定基础(见表3.5)。

表3.5　表征能力的5个质量标准

质量标准	操作性定义
定义能力领域	能力领域的制定既涉及认知方面又涉及实践方面,不同的学习方案和项目设计将决定不同的能力结构。例如,能力领域包括科学能力、个人能力、道德能力、特定领域等方面
使用中等程度的抽象	能力是在一个中等程度的抽象基础上制定的,并用于解决特定领域的问题
区分能力的两个方面	区分能力的两个方面是认知和实践。认知方面是指学生应该具有关于特定能力的科学知识;实践方面是通过实践活动获得特定的技能
定义能力水平	不同层级的学生能力水平定义不同,为设计相匹配的课程和教学,需要定义至少两个级别,明确认知和实践两个方面的能力水平
考虑发展维度	提供自我评估工具,以筛选学生的能力水平和教师的教学水平。设置不同的发展水平,定义至少两个级别的发展维度。例如,制定学士学位和硕士学位两个发展维度,并根据相应维度设置能力推进的关键节点

资料来源:魏丽娜.“以学生为中心的学习”:欧洲高等教育内部质量管理框架及其思考[J].重庆高教研究,2019(3):119-128.

在定义能力阶段结束时,内部质量管理框架实施分为两个进程:一是详细阐述模型构建的胜任力的 5 个标准;二是向相关利益者公布能力模型(见表 3.6)的建构情况和开发办法。

表 3.6　以心理学领域科学胜任力为例的内部质量管理能力模型

能力模型				
科学胜任力		胜任力水平		课程计划	教学方案
胜任力分解		发展维度 (学士)	发展维度 (硕士)	教与学过程	
心理学相关数据库 的文献研究能力	认知层面	3	5	X1	Z1
	实践层面	2	4	Y1	Q1
以心理联想为指导 的科学写作能力	认知层面	2	3	X2	Z2
	实践层面	2	2	Y2	Q2
能力 XY 等	认知层面	根据学士 的水平制 定计划	根据硕士 的水平制 定计划	Xn	Zn
	实践层面			Yn	Qn

资料来源:魏丽娜."以学生为中心的学习":欧洲高等教育内部质量管理框架及其思考[J].重庆高教研究,2019(3):119-128.

"以学生为中心"的教育理念始终作为定义能力阶段的宗旨。学生能力的培养需要循循善诱,不断引导,所教内容应由易到难。按照学生的实际能力,在教导过程中需因材施教,设置适合学生水平的教学方案。例如,学士生、硕士生、博士生因学习能力和学习范围都存在较大差异,应针对不同学习对象制订差异化的能力培养方案和课程体系,并兼顾学科理论和实践应用,以此来培养学生在该领域的学习力。

步骤 2:筛选能力。教师和学生在定义能力阶段完成后,进入筛选能力阶段,筛选能力的关键内容如表 3.7 所示。收集并记录参与者对能力胜任模型的反馈是筛选能力阶段的重点。在线问卷通常作为学生与教师进行自我评估的主要方式,筛选能力对不同参与主体和实施阶段都提出相应要求:一是要求学生对学习计划的有效性进行评估;二是要求教师决定学生是否达到预期的能力水平。利用收集的数据,内部质量管理小组会从能力测评、学习策略、课堂形式、教学方法、考试形式、课程安排等方面来分析能力模型的优缺点。筛选能力阶段结束意味着内部质量管理完成了以下 3 个进程：利益相关方已经接收到内部质量管理小组的实施程序；成功完成筛选信息和评估测试，教师已了解了学生预期能力与期望能力之间的差距，学生也提供了对教学过程的看法；筛选结果已经通知相关利益方。有效反馈能够进一步改进教学设计、课程安排、学习模式等。

表 3.7　筛选能力的关键内容：教与学的过程

B 教与学过程	能力本位的高等教育关注教师的教学过程和学生的学习过程。教与学过程包含 4 个要素：课程、教学方法与评价方法、学习策略和情境因素
B1 课程	（1）所有能力计划都需要制订学习计划； （2）课程设置要确保能力清单完全覆盖。所设置的课程和讲座都需相互配合，不能以一门课程培养一项能力。因此，在课程设置和教学实施方面，内部质量管理小组建议教师更多以团队形式工作
B2 教学与评价方法	（1）教师设计的教学方法应能充分地培养学生的能力； （2）教师应当设计相关评估方法来激励学生改善学习方法和提升学习效果
B3 学习方法	能力导向的教学过程，鼓励学生参与学习计划的设计。内部质量管理小组鼓励学生自订学习计划，包括学习目标、能力清单进程及监督机制等；教师将传授学生不同的学习方法，学生可以根据需要选择适当的策略调整学习方法
B4 情境因素	情境因素包括财力、学生人数、教职员工、教室、设备等，以及影响内部质量管理实施的内外部因素

资料来源：魏丽娜."以学生为中心的学习"：欧洲高等教育内部质量管理框架及其思考[J].重庆高教研究,2019(3)：119-128.

　　步骤 3：提升能力。内外部因素时常会干扰内部质量管理各个环节的有效实施。因此，为保证内部质量管理的成功实施，必须保证反馈的及时性和有效性，进一步提高内部管理的质量和保障能力阶段感知的正确性，并详尽解读已有数据信息，记录教学过程，分析教学结果，总结实施过程。

实施阶段结束后,内部质量管理小组会首先解读实施过程报告,制定反馈报告,概括项目实施的关键因素,归纳最佳实践案例,罗列实施措施的长处与短处,最后提出改进的可行性建议。反馈需要各方的共同参与,因此,利益相关方需参与反馈会议,与内部质量管理小组讨论实施过程的成效,提出针对性的改进建议。

3.3.2　以法国为代表的高等教育体制与完善的社会福利

负责推广法国高等教育的法兰西校园局指出,2017—2018 年有343 400 名外国留学生前往法国,比上一学年增加 4.5%,其中中国学生人数排名第三。赴法留学生中,攻读学士学位的占比 49%,攻读硕士学位的占比 41%,攻读博士学位的占比 10%。外国留学生在法国选修专业的主要分布如下:37%选修理工和医学,32%选修文学、语言、人文和社会科学,20%选修经济和管理学,11%选修法律与政治学。

2018 年 11 月 19 日,法国总理爱德华·菲利普公布了提升法国高等教育吸引力的新战略"选择法国",该战略将引进外国学生置于提高法国国际声誉的核心位置,其目标是从现在起到 2027 年,迎接 50 万名外国学生。留法新政主要包括:简化签证政策,增加法语语言培训课程和英文授课课程,创建认证机制以提高国际学生的接待质量,实行学费差异化制度和增加奖学金数量,增加法国在国外的存在感和影响力。在法国,学生身份可以享受文化、出行、健康或住房等方面的福利和优惠。如果全家移民法国,不仅可以获得法国身份,还可以让孩子享受免费的教育。除此之外,还可以享受当地的福利医疗。这些优越的福利政策使得移民法国的人数众多。在大学教育方面,法国秉持"宽进严出"的准则。法国高校对大学学习要求严格,因此大学学业负担繁重,学生往往需要非常努力地学习才能毕业。法国高校要求学生具有较高的自主学习能力,在自主探索的过程中,不断激发学习潜能。这种教育制度吸引了很多中国学生赴法国深造。在法国上学还可以享受法国居民同等的社会福利,包括医疗保险、交通补助、住房补贴等,这是其他许多国家没有的留学制度。

3.4 日本太平洋沿岸城市群

东京都市圈、名古屋都市圈和大阪都市圈是日本太平洋沿岸城市群的核心组成部分。该城市群的区域面积约 3.5 万平方千米,占日本国土总面积的 6%,但人口约占全国总人口的 61%。第二次世界大战后,日本在美国的扶助下重建经济体系,形成了"三湾一海"沿岸工业区,即东京湾、大阪湾、伊势湾及濑户内海,包含京滨、阪神、北九州、名古屋四大工业区,是日本经济最发达的地方。全日本 80% 以上的金融、医疗、科技、经济、教育、信息和研究开发机构都坐落于此,工业产值也占到了全国的 65%。

众所周知,1970 年,日本开始进入老龄化社会,但这并不妨碍日本在 20 世纪 80 年代初期依然保持良好的经济增长态势。但后来,内有房地产泡沫的破灭,外有日益恶化的美日贸易争端,日本经济受创严重,损失巨大,以至于后来被称作"失去的 20 年"。

日本知其自身人口的劣势,努力寻求能够暂时克服老龄化的方法,于是创造出区别于"人口红利资本"的"人力资本红利",以此推动经济发展。日本努力挖掘有利于经济增长的其他关键因素,其中包括劳动人口的技能、知识、经验等。若提高这方面的劳动人口素质,即使劳动年龄人口绝对数量下降、抚养比上升,也可以保障有效劳动力的质量,从而创造劳动力"以质量换数量"的新经济发展动力。

日本采取了很多方法来挖掘人力资本红利,最为重要的方法是提升国民的受教育程度。教育是提高人口素质至关重要的一环,日本长期以来对国民教育都非常重视。世界银行的数据显示,在 1965—1981 年日本就已经实现 100% 的小学教育的普及率,中学入学率也从 70.6% 增至 94.3%,大学平均入学率高于 30%;绝对数量增加也非常明显,参与高等教育的人口数量由 1965 年的 284 330 人增长到 1981 年的 447 416 人。日本政府在发展教育上发挥着举足轻重的作用,始终不断加大办学力度,扩张各类学校数量。

总体来说,教育在一定程度上决定着日本国民经济的发展。中日两国在人文地理上紧密相连,经济发展政策和国家发展轨迹也有很多相似之处,因此我们可以学习并借鉴日本高端教育的诸多发展经验与教训,取长补短,打造适合中国发展需求的教育模式。

3.4.1　日本的高等教育体制

(1)日本高等教育体系。日本高等教育体系主要包括 5 种类别:大学学部、大学院、专修学校(专门学校)、短期大学和高等专门学校。

大学学部,一般学科要求 4 年学习年限,而兽医学、牙医学、医学则要求 6 年。大学学部中有两类独特的学生。一类是旁听生,被授权的旁听生可以旁听特定科目,大多数学校允许旁听生制度,但是因为学校的制度或课程要求有所差异,所以听讲资格和旁听科目可获学分也有所不同;另一类是科目履修生,是指以取得学分为目的的本校或本校以外的学生,该类学生学习内容和旁听生相同,但所修科目的学分会被学校认定,毕业后会拿到该校发的学分取得证明书。

大学院一般设有硕士课程和博士课程,博士课程的学习年限一般为 5 年,分为前期课程(2 年,相当于硕士课程)和后期课程(3 年)。有的大学院也实行旁听生和科目履修生制度。特别的,医学、牙医学以及兽医学的博士课程学习年限一般为 4 年,也有 3~5 年不等,但依据各大学院的实际要求,首先需完成 6 年的大学学部课程才可申请修读。而攻读研究生则是希望毕业后能够从事专门的研究工作,其目的并不是为取得学位,因此各大学对研究生的规定就各不相同了。

专修学校也是高等教育机构之一,主要提供专业职业教育或实际生活技能的培训。学校通常制定的学习年限为 2 年,但因学校差异,学习年限为 1~3 年不等。

短期大学通常规定 2 年的学习年限,但像护士一类的特殊学科,没有明确的学习年限规定。短期大学中,教育科、保健科、护理科、家政科、文学科、语言科等学科占 50% 以上。近年来的大数据显示,社会科学科越来越受到学生们的青睐。

高等专门学校主要招收从初中直接毕业的学生，所需学习年限也更长，一般 5 年。该类学校的目的是培养能够适应科学技术发展的技术性人员。依据这一办学理念，大部分高等专门学校设有与工业相关的各种学科。

（2）日本高等教育质量保障体系。日本高等教育质量保障体系有着较为悠久的历史，主要经历了三个阶段的演变。第一阶段是从第二次世界大战前到战后一段时期，实现大众教育是这一阶段改革的重点，日本高等教育从精英教育转变为大众教育。在这一阶段，大学设置认可体系是日本实行高等教育质量管控和保障的主要手段。第二阶段的开端是 20 世纪末，大众化的日本教育让以大学自我评估和自我监控为主的评价系统替代了以大学设置认可为主的质量保障体系，这实现了以学校为中心向以学生为中心的转变。第三阶段是 21 世纪初期至今，在全球化高速发展的浪潮下，日本的高等教育也开始实施全球化发展的战略。此时，经过法人化改革后，日本的公立大学拥有了自治权，为保障学校独立资质的有效性，教育部设立了复杂的综合评价体系，评价形式和评价主体多样，包括第三方评价、政府评价、高校互评、高校自评等。

其一，第二次世界大战前后。日本高等教育规模扩张，建立质量保障体系。日本现代高等教育体系最初创建于 19 世纪末，东京帝国大学（现东京大学）的建立标志着高等教育体系正式创立。第二次世界大战前，日本高等教育受中央政府的严格管控，一系列的质量标准和法律规定了高等教育机构的质量并限制教育机构的权利。除设立新大学外，若要创建或变更学部、学科均须受到严格的审查，审查标准是 1956 年 10 月国家制定的《大学设置基准》。日本私立高等教育发展的黄金时期是 20 世纪 50 年代初至 80 年代末。在此期间，私立大学数量激增，占大学总数量的 80％以上，成为日本高等教育的主体。尽管日本拥有一些高质量的私立大学，但也有相当一部分私立大学的质量良莠不齐。相比之下，国立或公立大学往往拥有更优质的教学质量和教育资源。1945—1952 年，日本重点改革了高等教育体制。1947 年 3 月，日本国会颁布《学校教育法》，提出了 6 年小学教育、3 年初级中学教育、3 年高级中学教育和 4 年大学教育,被称作"6－3－3－4"新学校教育体系。其中,507 所旧学制的高等教育机构被变革为 226 所 4 学年制的新学制大学。此次变革加强了大学教育的平等化和大众化,让东京大学逐渐丧失了其精英阶层的地位,与新制度大学享有同样的法律地位。以此作为开端,精英化教育不断被大众化教育取代。日本高等教育在 20 世纪 50 年代前后实现了大众化,此阶段高等教育机构按照不同的设置目的主要分为四种类型:专修学校、高等专门学校、短期大学和综合大学与研究生院。

其二,20 世纪 90 年代。日本高等教育大众化,建立高校的自我评价体系。从 20 世纪 90 年代开始,日本高等教育开始实现大众化,但此时日本人口老龄化程度也在加深,年轻人和学生人数占比逐年下降,人口呈现倒三角分布的趋势,这让高等教育面临生源危机。因此,有些高等学校出台了新的教学政策来应对人口压力,包括降低对学生的专业要求,对学业成绩未达标的学生,只要其交付学费,也不会被强制退学;学校还将课程的授课方式改为大班授课,以此降低教学资源的利用,缩减教学成本。这些做法在短期内可以提高升学率,但长期作用不大,且有着潜在的教学风险。从 90 年代后半期开始,一半以上日本高校无法招满学生,雪上加霜的是这些举措带来的不良后果开始显现,大学教育质量明显下滑,学术研究未取得突破性成就,教育资源未得到充分利用。为解决不乐观的教育状况,1991 年日本教育部修订了《大学设置基准》,这也是日本教育领域的第一次重大改革。修订内容主要涉及放宽对大学课程设置和组织的限制规定,高校(特别是私立大学)有更大的办学自由权;放权的同时也注重监管的加强,要求各高校必须通过自我监控和评价来管理学校研究和课程教育活动;高校必须展开强制性的自评工作,还须公示评价结果,以保障透明性。但是,仅通过学校自我监督和自我评价而缺乏第三方监控和问责,使评价标准很难统一,难以被大众接受。日本教育界意识到这一问题,为了让教育信息和教学质量标准化、透明化,日本政府开始考虑引入第三方评价,以此加强对高等教育机构的外部评价和外部监督。

其三,21 世纪。日本高等教育实行国际化战略,建立多元化评价体系。自 21 世纪以来,日本的社会矛盾不断加剧,尤其是人口老龄化、抚养率高、生育率低,再加上经济增长放缓,许多日本高等教育机构无法招收到足够的学生。此问题在 2008 年就开始显现,约 47％的短期大学和 67.5％的综合大学无法完成当年的招生任务。生源危机触发了新一轮的日本教育体制改革。一方面改革招生和入学考试、教育指导方式,调整教育研究和管理运营的组织结构、财务分配及经营方针;另一方面寻找更多的国际生源,加快高等教育国际化发展步伐,建立具有国际竞争力的高等教育体系来吸引更多的国际生源,以此平衡国内生源的不足。

日本大学委员会发布了题为《21 世纪大学愿景和改革措施》的报告,形成如下建议:一是促进高校的分权管理制度,提高执行的灵活性,增进决策制定的自主性;二是增进大学的办学自主权利,大力发展高校科研项目,鼓励科学研究;三是提高教学质量,培养学生自主学习、分析问题和解决问题的能力;四是融合第三方评价体系和自我监控系统,建立多主体、多方位、多层次的教育质量评价体系。

同时,日本开展了对 86 所国立大学的法人化结构性改革。改革后,国立大学拥有独立的行政法人资格和经营权,文部科学省 6 年一次对国立大学进行评价,提供行政指导,然后参考评价结果对高校进行财政分配,并根据上一期的评价结果对下一期制定适宜的目标和计划。此次改革要求国立大学必须基于其绩效水平制定具体的中期目标和计划,以促进下一期的教学安排,政府也会通过评价体系实行外部监督。除此之外,文部科学省还成立了国立大学评价委员会,其职责在于评价国立大学的学年计划和中期计划的完成情况,而对于国立大学中期目标的评价,则由日本大学学位授予与评价机构完成。

此外,《学校教育法》也做了相应修改,降低了《大学设置基准》中对教学质量保障机制和事前评价的部分标准,提高了大学在招聘教师和组织课程方面的灵活性和自主权。一系列改革的实施,使日本文部科学省逐渐完善了认证评价制度和第三方评价制度。截至 2014 年,4 个主要的高校评价与认证机构已经建立:一是创建于 2004 年的日本大学学位授予和评价机构,其职责主要是对所有类型的高校包括专业研究生院开展评价;二是成立于 1947 年的日本大学认证协会,在 2004 年取得对大学、专科院校、法律学校的评价权,其中包括公共政策、商业、知识产权和公共卫生等专业;三是 2000 年由私立大学协会创办的日本高等教育评价机构,日本文部教育省在 2004 年授权高等教育评价机构对大学、商业研究院和专科院校进行评价;四是成立于 1994 年的日本院校认证协会,其主要职责是支持和促进专科院校提高办学质量,而 2005 年该协会开始有权对专科院校进行评价。高校评价和认证机构的建立使得日本教育体系更加完善,并且每个评价机构都拥有自己的评价标准与程序,承担不同的职责,评价和认证不同类型的高等教育机构,评价结果也会公布于众,以增强透明性。到 2014 年,日本的高等教育质量保障体系由以下 4 部分组成:大学设置认可制度、国立大学法人评价制度、高校自我监控与评价制度、认证评价制度。由此,完善了以下日本高等教育质量评价与保障措施。

第一,建立与高校发展层次相适应的质量评价制度。为鼓励日本高等教育结构自主性发展,日本一些学者认为应该分类开展对各个大学的评价,并需要加强评价结果与财政拨款之间的联系,使评价结果更加透明化和独立化。2000 年以来日本高等教育发展的根本问题在于政府资金不足。在经济萧条且老龄化严重的日本,处于低位的教育接收到的教育资助资金(相对于国际水准而言)不断下降,特别是在规制缓和时期,政府财政实行“选择与集中”措施,即只对少数大学集中性地提供资金支持,这一做法更是让不少小规模的大学资金紧缺,甚至面临倒闭的危机。因此,在如此严峻的环境下,大学更应该加大改革力度,重视教育质量建设。其措施是将大学分为三类:区域性大学、特定研究领域的大学和世界水平的大学。区域性大学应该注重与所在区域加强合作,扩大学校的社会服务功能,更好地为区域发展作贡献;而其他的私立大学则应该以教学为中心,全面、专业地开设职业相关课程,如医生、护理师、工程师等,其办学开课目的在于做好教学的同时让学生更好地就业。

第二,利用现代化的信息技术成立国家级的质量保障机构。2016

年,日本成立了高等教育质量提升机构,该机构是日本高等教育质量评价与保障的领导机构,建立的初衷在于确保组织管理的公平性、独立性和透明性,其主要功能包括高等教育机构的评价和认证、高等教育质量保障、国际合作、学位授予、国立大学法人的教育和财政事务管理分配等。作为一个独立的国家级行政机构,高等教育质量提升机构的特点在于它在一定程度上集合了原本较为分散的社会评价组织的功能,尤其是日本大学财政事务和管理中心,使质量评价与保障同财政拨款之间建立了紧密联系,更好地确保了保障制度和质量评价执行的高效性。

第三,高等教育质量提升机构与日本高等教育机构共同调研、收集、整理并发布院校信息,以此来促进日本高等教育改革与发展。高等教育质量提升机构利用各平台发布的信息包、研究报告等手段,为学习者、高等教育机构和教育管理人员提供相关信息。除此之外,还与日本高校合作,收集各类大学管理信息,建立了披露大学教育与发展状况的信息利用机制,极大地推进了日本高等教育机构质量的完善,提升了评价信息的利用率。高等教育质量提升机构的另一贡献在于,提供质量管理人员的培训服务,组织评审讲习班和研讨会的开展,提升工作人员的质量保障技能,实现高等教育保障工作的独立性和透明性。

3.4.2 高端教育产业联动——日本筑波科学城

受美国硅谷启发,20世纪60年代,日本科技战略逐步从"吸收型"向"自主研究和创造型"转变,经济战略逐步从"贸易立国"向"技术立国"转型,政府从政策、计划、财政和金融等方面,对发展应用技术和基础研究,尤其是高新技术给予大力引导和支持。由此,日本政府提出了建立科研新城——筑波科学城的设想。日本筑波科学城坐落在离日本东京东北约60千米的筑波山麓,于1968年动工,总共耗资50亿美元。该科学城的建立一方面是为了将国立科研机构移出东京,以此缓解东京巨大的人口压力和交通压力;另一方面是为实现技术立国的目标,依托科学城大力发展科技和高端教育。筑波科学城开创了由政府主导的高端教育产业联动科学工业园区的建设新模式,并且在20世纪80年代名噪全球。

筑波科学城搬迁并新建了大量国家级实验室、研究与教育机构,此举在一定程度上减轻了东京地区人口过度集中的压力,同时适当提高了闲置土地的使用率,对日本的科技发展贡献极大。尤其是日本散裂中子源建成后,引领了筑波科学城的崛起。现今,作为日本最大的科学中心、知识中心和人才聚集地,全日本 40% 的国家级研究所聚集于此,汇聚了 2.2 万名顶尖科研人才,成为日本在先进科技领域敢于向美国等大国挑战的重要砝码,吸引了大批微电子、新材料、生物工程企业,筑波科学城是展现国家先进科学技术发展的窗口,也是日本高端教育产业联动的优秀代表。

目前,科学城为日本的发展及其国际影响力带来了诸多好处,但其发展模式也存在一些缺陷:一是企业、研究机构与市场联系不紧密,研究成果商业化效率低;二是筑波科学城的主要研究机构是国家级研究机构,享有政府的财政拨款,园区内竞争力不强,缺乏研究活力和创新力;三是科学城总体环境较为封闭,参与主体较少与其他国家的顶尖技术和科研机构交流。尤其是在国际科技工业园区快速发展和全球化不断加强的背景下,筑波科学城的内部缺陷严重制约了日本科技的进一步发展,制约了日本科技创业园区在国际上的地位提升。

3.5　美国加州硅谷城市群

加利福尼亚州是美国西部沿海地区的代表,地理环境优良,经济发达,教育业也随之兴旺。加州以完整而强大的公立高等教育体系为主要特色,被美国教育部认可的高校多达 685 所,在 US News 美国大学排名中位列前 200 的也多达 20 所,其中 12 所大学入选 2020 年美国大学百强高校名单。加州最具特色的公立大学系统包含 3 个层次:加利福尼亚大学系统、加利福尼亚州立大学系统和加利福尼亚社区学院系统。3个大学系统在差异化的治理结构下,专业设置、学位授予和生源划分方面分工明确、各司其职。

2019 年赴加州的留学生总数约 148 600 人,占到加州总学生数的 5.37%。中国是加利福尼亚州留学生来源最多的国家,达 73 449 人,占比 39.8%。世界名校诸如斯坦福大学、加州理工学院、加州大学伯克利分校、南加州大学等均坐落于此,其留学生比例均超过 15%,远高于加州的总平均数(见表 3.8),并且世界知名的好莱坞和硅谷均在州内,这些地理优势和资源优势,让越来越多的学生选择前往加州留学。

表 3.8 加利福尼亚州 4 所世界名校留学生数量

学校名称	学生数(人)	留学生数量(人)	留学生比例(%)
斯坦福大学	17 381	4 278	24.61
加州理工学院	2 233	681	30.5
加州大学伯克利分校	42 501	7 222	16.99
南加州大学	47 310	11 308	23.9

资料来源:https://www.forwardpathway.com/21184.

特别是地处美国加州北部、旧金山湾南边的硅谷,是很多人的向往之地。硅谷早期以硅芯片的设计与制造而得名,现今因其顶级的高新技术产业和创业创新,成为美国乃至全球重要的创业孵化和科技研发基地。

硅谷的总范围一般还包含旧金山湾区东部阿拉米达县的部分城市和旧金山湾区西南部圣马特奥县的部分城市,旧金山半岛南端的圣塔克拉拉县是硅谷的主要集中地,此外还包括从帕罗奥多市到县府圣何塞市约 40 千米的谷地。硅谷是当今世界高新技术创新和发展的中心,尤其是在计算机和电子工业产品领域。据统计,现阶段硅谷的计算机公司大约有 1500 家。硅谷的结构特点是,园区内以高新技术中小公司群为基础,同时不少大公司零星分布,包括谷歌、脸书、英特尔、惠普、苹果公司、特斯拉、甲骨文等。硅谷的整体规划很好地展现了集科学、技术、生产于一体的特点。在短短的几十年内,硅谷孵化了许多创新企业,诞生了大批科技领袖,也创造了众多改变人类生活的产品和服务。全美风险投资总额的 1/3 都投向硅谷。

硅谷的区位特点是附近具有众多科研力量雄厚的美国顶尖大学,主要包括斯坦福大学和加州大学伯克利分校,还包括圣塔克拉拉大学和加州大学系统的其他几所大学。

3.5.1　硅谷高科技园区概况

20 世纪 40 年代末,美国斯坦福大学校长弗雷德里克·弗里曼(Frederiok Ferman)提出了建立斯坦福大学研究园的设想。1951 年,正式开始修建斯坦福研究园,校内划出约 2.5 平方千米的土地修建现代化的厂房和实验室。依靠学校优质的人力资本和政府、企业的资金支持,陆续诞生了影响重大的科技创新项目,其产品成果极大地改善了人们的生活状况。这一模式的成功离不开政府、科研机构、大学和科技企业的紧密合作。硅谷逐渐闻名于世,斯坦福大学研究园成为高新技术的孵化园。

硅谷的发展秉持多元化和顶级化。在信息服务业、计算机研发、商业服务、人工智能和生物医疗等领域都处于世界领先地位。硅谷也在不断适应经济全球化和贸易全球化的发展,不断吸引全球的投资资本和人才资源,充分利用顶级的资源设备,与全球经济高度互动融合,共同发展。

3.5.2　硅谷高科技园区的特征

(1)人才和资本的资源优势。硅谷毗邻众多高等院校和科研机构,包括美国高级军事技术研究机构。高新技术成果在这些科研机构诞生,而硅谷则将这些研究成果商业化,扩大其影响力。众多的科技发明专利,最新的科研成果,最快的技术更新速度,最顶尖的研发团队和人才,为硅谷的成功运作提供了坚实的知识环境。

据统计,目前美国每年的创业投资规模高达 600 多亿美元,其中大部分的投资都集中在硅谷。寻求高风险高收益的个人投资和具备丰富经验的创投机构共同构建了硅谷资本营运的闭合产业链。

硅谷的创新源泉是内部环境中极大的竞争压力,几乎每天都有新的企业诞生,新的资本投入新的产业,源源不断的创业资本促进科技成果的商业化。良好的产业化环境、充分的资金支持、开放灵活的科研环境、顶尖的科技支持等因素让科研力量和创业资本收益率共同成长,最终促成了硅谷的成功。

(2)透明的市场化运作机制。运作机制的完全市场化是硅谷成功的根源。技术专家和投资商通过市场规则紧密联系,优胜劣汰的丛林法则让资本有效地选择最优的投资项目,以实现资源的合理分配。专业的团队运作依靠组合投资方式在投资技术、投资阶段、投资区域方面规避市场化投资风险,依靠创业板、产权交易市场和兼并收购的市场化运作实现资本的退出。

从群体的组织性来看,众多技术创新企业和大量的风险投资商聚集于硅谷,减少外部性,形成良性的运作体系。地域上的聚集性促进了机构间的协同合作,更利于创新企业的孵化和资本利用的效益最大化。组织内部竞争与协作并存,良好的激励环境促进了企业和资本的相互选择和效用最大化,为高科技产业提供充分的人力和物力支持。

(3)企业、高校和政府的通力合作。硅谷的成功运作在于建立了先进的信息优化渠道,提高了信息传递和信息共享的速度。硅谷的发展源自各个企业与高校间的自主合作,当然也少不了政府间接的支持。美国政府高度重视教育和研发,通过立法,建立并完善知识产权保护和投资基金的相关制度。对于创立之初的或是敏感的行业,政府也出台了相应的保护政策,在法律、税收等方面对高科技和创业投资发展给予优待。这些政策提供了良好的科技创业环境和技术支持,一定程度上加快了硅谷的发展。

硅谷企业不断创新的源泉在于始终被鼓励参与竞争和选择。新技术允许多家企业共同研制和开发;创业投资机构可以选择投资多家创新企业;有才能的工程师具有自主选择多家企业的权利。广泛的选择方向是企业不断创新的动力,竞争的研发环境是创新的根源,优质的人才是创新的先决条件。硅谷模式的成功展现了人才、技术和资本的完美结合,不少企业也将硅谷模式作为学习的典范。

3.5.3　硅谷高科技园区的成功模式与启示

（1）产学研联合的协同创新产业体系。硅谷成功的原因之一是拥有顶尖的研究人员和高质量的人力资本，斯坦福大学、加州理工学院等一批研究型大学和科研机构为此提供了保障。根据对美国、英国等 9 个发达国家的 226 个科技园区的统计，86.36％的科技园区依托理工科大学和科研机构创建[1]。几乎与硅谷同时发展起来的 128 号公路高技术产业区，也是依托麻省理工学院和哈佛大学建造的。建立完善的产学研体系对于高新技术园区的发展非常重要。产学研完美融合的方式有效连接了资本、人才和技术，一流的人才、顶尖的技术和聚集的企业相互吸引，展现了科技园区临近科研机构的优势。然而，对比我国许多高新技术开发区，往往没有研究型大学和科研机构的支持，缺乏便捷的智力支持，所以目前发展前景并未产生巨大突破。

（2）优待人才和自主知识产权。吸引智力人才是高科技园区发展的关键，尤其是对智力密集的高科技产业。科技竞争战就是人才争夺战。为此，硅谷企业尽可能地为研发人员提供优越的工作条件，在硬件设施和软件设施上尽力让员工以最佳的状态开展工作。将生产与学习结合才能充分发挥科研院所和高校的优势。为发展高技术产业和弘扬科学文化建设，硅谷企业不断突破高技术产业的技术壁垒，确立自主的知识产权。产学研结合使硅谷企业具备了强大的技术，也帮助硅谷企业开拓市场，进行规模化建设生产，并且搞好监管质量控制。

（3）合作博弈型的产业组织形式。硅谷保持活力的原因之一是建立了强大的区域网络体系。区域网络让各个企业在开展竞争的同时又可以互相交流合作、相互学习。便利且高效的产业体系交流促进了先进技术的发展、管理方案的革新和营销手段的创新。团队作为网络型企业组织的重要部分，通过区域网络加强了企业内部各部门的合作交流，也促进了与产业上下游、合作者和目标群体间的沟通。开放的劳动市场和

---

[1]　资料来源：https://f.qianzhan.com/yuanqu/detail/181213-617b7950.html。

紧密的网络连接更有利于激发企业和员工的创新意识和探索精神。在产业组织上,为保持企业的核心竞争力和市场适应力,硅谷计算机和半导体相关企业致力于建立鼓励员工不断创新的组织形式。

(4)活力开放的区域创新文化。硅谷文化是通过多国、多民族移民多年不断发展融合而形成的多国文化产物,是一种新型的、充满活力和发展前景的区域创新文化。依靠这种融合的多层次、多方位的文化意识形态,硅谷人推动了硅谷地区经济、科技、教育、社会的高速发展。

第 4 章

长三角经济核心区高端国际
教育中心建设路径

2021年1月全国教育工作会议在北京召开。会议强调,"十四五"时期,我国教育进入高质量发展阶段,教育改革发展的外部环境和宏观政策环境已发生深刻变化,面临着新形势、新阶段、新理念、新格局、新目标、新要求。据此,教育系统要在认识上找差距,在工作上找短板,在措施上找弱项,在落实上找问题,在安全上找盲点,坚持问题导向、目标导向、结果导向。

要坚持稳中求进工作总基调,立足新发展阶段,贯彻新发展理念,构建新发展格局。以推动高质量发展为主题,以改革创新为根本动力,以上海丰富的国际资源为依托,围绕长三角经济核心区高端国际教育中心建设问题和战略决策展开思维碰撞,坚持系统观念,更好统筹发展与安全,巩固拓展教育改革发展成果,为长三角地区一体化发展提供有力支持,为建设高质量教育体系立柱架梁,推进教育治理体系和治理能力现代化,为建设教育强国开好局、起好步。

感知长三角、了解中国、走向世界,进一步促进政、商、学三界的碰撞和交融,探索加强区域合作的途径,持续推进更高起点的深化改革、更深层次的对外开放和建设人类命运共同体,在更广阔的领域内参与和推动全球高端教育发展的未来之路。

4.1 长三角经济核心区高端国际教育中心建设的主要瓶颈

改革开放以来,随着全球化进程的推进,外部环境发生了巨大的变化。回顾国际高端教育中心发展的历史,新时期长三角经济核心区建立与发展高端国际教育体系面临着良好的机遇。但是通过比较,也清楚地认识到国内高端教育的诸多不足,面临着如下挑战。

4.1.1 国内高端教育起步晚,教育特色定位不清,缺乏知名的高端国际教育中心平台

虽然我国与西方发达国家同样十分重视教育,但由于历史原因,国内整个社会对高等教育的重视起步较晚,特别是对于高端教育和人才培养是在近 20 年全球化浪潮中才逐渐凸显出来的。另外,目前国内大多数高校和教育培训机构对培养学生的使命、愿景与定位不够清晰,人云亦云,没有独特的办学特色,整体教育质量水平不高,并且教学培养计划往往与业界实际脱钩,相比于西方发达国家历来重视创新教育建设,综合实力欠佳。同时,国内教育行业未充分思考区域经济的联动作用与战略合作,未形成以核心城市为发展点,周边城市协同发展的高端国际教育中心平台。

4.1.2 国内高端教育行业产业跨界融合不足,资源利用率低

教育贡献于经济增长的主要途径:一是直接贡献,如教育投入、教育消费及教育培训等相关产业都是经济增长的组成部分;二是间接贡献,教育能提高劳动力平均生产效率,也是科技创新、成果转化以及咨询服务的重要来源,对经济和社会发展产生间接推动作用。目前,我国高端教育行业的产业产值主要来源于直接贡献,而未能大规模启动教育对其他相关产业的后向关联效应,即教育的发展会对相关产业产生消费,形成资源共享的产业跨界融合生态圈,从而促进本行业与其他相关产业的互利增长。

4.1.3　国内高端教育发展速度慢,国际化程度低

教育行业对经济的增长和繁荣至关重要,当今快速变化的世界需要更具远见的高端人才。然而现今国内高端教育程式化严重,重理论轻实践,与实际行业的发展有一定程度的脱节,发展和改善的步伐缓慢。教育资源利用效率普遍较低,包括地区辐射、教育院校内部资源以及毕业校友、国内外同行高校、企业雇主、行业协会和政府监管部门等外部资源,资源的低效利用会导致高端教育低效率的单打独斗,所谓的发展也是闭门造车,最终成为井底之蛙,对教育行业发展不利。以上海纽约大学为代表的中外合作办学的成功,开创了国内培养具有全球视野的国际化创新人才的新型培养模式。然而,也有个别国内高端教育机构打着国际化的旗号,其教书育人的实质并未体现出国际化,有形无实。所以,国内的高端教育还需对比国外先进的高端教育,着眼于为当今飞速发展的社会培养出具有创新意识和前瞻思维的人才精英,并与全球各资源相关方逐步形成广泛而深入的互利互惠的双赢合作关系。

4.1.4　国内高端教育发展不均衡,区域内差异较大

根据教育部公布的 2019 年教育统计数据,运用 Eviews 软件对高等教育、高中、初中、小学及学前教育阶段的中国各省份每 10 万人口平均在校生数进行描述性统计分析,结果如表 4.1 所示。每 10 万人口中高等教育在校生人数为 2 857 人,比 2018 年增加 199 人。

表 4.1　中国每 10 万人口各级学校平均在校生数的描述性统计

单位:人次	高等教育	高中	初中	小学	学前教育
平均值	2 857	2 788	3 364	7 329	3 296
最大值	5 320	4 170	4 980	10 786	6 110
最小值	1 486	1 070	1 433	3 389	1 351
中位数	2 596	2 831	3 460	7 351	3 343
标准差	729.031 57	714.628 8	868.941 7	2 080.948	967.566 6

（续表）

单位：人次	高等教育	高中	初中	小学	学前教育
相对离差	0.2573	0.2563	0.2583	0.2839	0.2936
偏度	1.235 2638	− 0.609 23	− 0.178 63	− 0.237 17	0.276 694
峰度	3.405 3457	0.504 549	− 0.312 87	− 0.756 59	1.212 732
J－B统计量	8.095 924	9.961 241	14.341 02	18.518 63	4.521 565

可见，相比于其他阶段的教育，不同省份在高等教育阶段的峰度最大且大于3，偏度在不同阶段中最大且是正值，JB统计量为8.095 924，同时平均数与中位数相差最大，因此高等教育阶段的数据有显著的尖峰厚尾正偏的特征。相对于其余阶段而言，东中西部高等教育区域之间地区发展相对更不均衡，说明优秀的高等教育资源集中在少数省份。

此外，教育部公布的全国首批"双一流"大学名单共计137所，其中世界一流大学建设高校42所（A类36所，B类6所）。这42所一流大学建设高校是综合考虑有关第三方评价的权威性、影响力及高校认可度，以中国特色学科评价为主，特别是反映人才培养和学科水平的评价，酌情参考国际评价，统筹考虑国家战略、行业区域急需、不可替代性等因素，形成一流学科建设的认定高校。在世界一流大学建设A类的36所高校中，东部为23所、中部为7所、西部只有6所，占比分别为64％、19％和17％，呈现东部密集、中西部稀疏的格局。从数据可见，尽管京津冀、长三角、粤港澳大湾区等地缘上的共同体高等教育集群效应明显，但其内部的高等院校在教育投入、师资队伍、办学条件等方面存在巨大差异。整体而言，长三角的教育资源分布并不均衡，有的地区不论教育的硬件设施还是师资生源等软件，都相对薄弱。秉持优先发展的"双一流"建设战略并没有改变中国高等教育区域内外发展不平衡的基本格局。

4.1.5 长三角教育一体化发展体制机制有待完善

随着2014年6月教育部《关于进一步推进长江三角洲地区教育改革与合作发展的指导意见》的印发、长三角2018年12月《长三角地区教育更高质量一体化发展战略协作框架协议》和 2020 年 11 月《新一轮长三角地区教育一体化发展三年行动计划》的共同制定与签署，长三角地区进入教育合作与联动阶段。当前，从长三角教育一体化发展的需求看，要建立高端国际教育中心，在教育的实质和深层次合作上，仍然存在难以突破的发展瓶颈。其原因在于行政区划格局下，各地政府代表当地人民的利益，不可避免产生博弈现象。在博弈过程中，存在两种可能：一种是行政主导者以大局观和优势互补为价值导向，选择积极合作策略，确保区域内利益相关者主体获益，在良性竞争和合作中推动区域教育一体化发展；另一种是为保护地方利益而选择恶性竞争策略，这往往导致信息互通渠道不畅，一体化驱动力不足、稳定性不强，从而延缓了教育一体化进程。目前，从顶层设计层面看，建立高端教育国际中心，长三角教育一体化合作发展机制有待深化和完善。

4.1.6　长三角师资流动和学科建设共享机制尚未形成

优质师资和学科是建立高端国际教育中心和提高教育质量的关键要素。师资作为一种资源禀赋，在更大交流空间内会发挥更大的价值。学科和相关课程建设体现了一所学校的办学水平，反映了一个地区的教育发展状况。师资与学科建设的共享和流动，会带来最新理念和知识经验的共享、影响和启发，从而互相增强实力，各尽其才，带给长三角教育一体化更大的动能。目前，长三角各地均有自己的精品课程建设，但这些精品课程既不普及，也没有形成跨区域的交流机制，未能发挥教育一体化发展中优质师资与课程的协同效应。长三角地区在高等教育上存在一些共性问题。一是学科的低水平重复。在为数不少的本科院校中，专业设置贪大求全、经费不足等现象较为普遍。二是学科结构不够合理。在学科建设过程中，一些应用型本科院校在学科建设过程中，缺乏围绕学科建设配置资源的教育理念，往往是有什么资源建什么学科，缺少对学科的类别、基础、发展前景的评价机制，导致学科结构的不合理。

从高等教育看，长三角地区教育资源的统筹配置尚未形成，地区师资和学科建设共享机制不健全，柔性流动机制有待建立和完善，师资培养和学科建设未形成一体化安排,缺少体制机制方面的支撑和保障。因此,长三角地区在学科建设、师资等教育要素的流动、共享与统筹布局方面依然有很大的发展和突破空间。

4.1.7　教育和科研经费投入不足

教育投入是支撑国家长远发展的基础性、战略性投资,是发展教育事业的重要物质基础,是公共财政保障的重点。与发达国家现阶段的情况相比,我国高等教育经费投入显示出四个特征。一是经费总投入增长较快,但经费总投入占 GDP 的比例较低。二是政府对高等教育投入的努力程度较高,表现为政府对高等教育的投入占财政支出的比例较高,但政府对高等教育投入的主导作用体现得还不够充分,表现为政府对高等教育投入占高等教育总投入的比例较低。三是高等教育对非政府投入的依赖程度较高,特别是对社会投入的依赖程度较高,具有不稳定性。四是生均投入的绝对水平还远远不及发达国家,生均经费增长也相对较慢,落后于人均 GDP 的增长。

同样的,尽管我国科技经费投入总量和规模增长显著,结构持续优化,但投入强度与美国、日本、德国等科技创新强国相比还有较大的差距,投入结构上也存在一些不足,研发产出多而欠优的现象亟待改善。我国基础研究经费占比虽已突破 6％,但仍未扭转三类研发活动在投入上的结构失衡。与发达国家普遍 15％以上的水平相比,我国基础研究占比仍处于较低水平。其主要原因在于,我国企业作为研发经费增长的主要拉动力量,其在基础研究上的投入占比非常低。2019 年,企业的基础研究经费投入为 50.8 亿元,虽较上年增长 51.6％,但占企业研发总经费的比重仅 0.3％,远低于全社会平均水平。

由此可知,我国财政教育投入虽然逐年增加,但相对于逐年增加的教育需求来说仍然严重不足,投入水平也远远低于美、日等发达国家,与一些发展中国家相比教育投入也有明显差距。要解决这个问题,除了关注教育投入总量以外,合理的教育投资结构也是非常重要的。只有合理地配置教育资源,提高资源的配置效率,才能促进教育事业的稳定健康发展。同时,各有关部门必须切实贯彻党的教育方针,深入领会加大财政教育投入的重要意义,进一步提高思想认识,增强责任感和紧迫感,采取有力措施,切实保证经济社会发展规划优先安排教育发展,财政资金优先保障教育投入,公共资源优先满足教育和人力资源开发需要。2020 年是我国实现创新驱动发展战略"三步走"目标的第一步,进入创新型国家行列的收官之年。但 2020 年全球受新冠疫情影响,经济和科技各领域的发展放缓,要继续保持研发经费高速增长态势,特别是要有效提高企业的基础研究投入占比,将面临较大压力。

综上所述,相对于成熟高端国际教育中心发展的历史背景、教育制度、教育模式及创新驱动,结合我国目前的服务业转型和教育行业发展内在需求,高端国际教育中心的建设在我国将迎来良好的发展时机。针对传统教育行业发展速度慢、规模效应小、国际化水平低、产教合作不深入、资源配置不均衡和教育科研投入相对不足等问题,在借鉴国际先进经验的基础上,提出高端教育更好地适应经济和产业发展需要的基本策略,将以上海为核心的长三角高端教育中心建设成为整合资源的一个重要平台,依托高端国际教育平台的辐射效应,借助长三角经济核心区教育一体化协同发展的优势,带动"高端教育＋"旅游产业、会展产业、建筑产业、信息产业、科技创新产业、金融产业、文体产业、出版产业等相关服务业的创新发展,为长三角建成全球高端服务业中心提供重要支持。然而,如何打造资源优化的高端国际教育中心值得我们深入探讨。

4.2　教育行业发展趋势与建设路径

教育行业的发展,特别是高端国际教育中心的建设,除了需要政府的高度支持与政策扶持外,也取决于教育行业的创新和平台体系机制建设,从而解决长三角教育一体化所面临的困难。

4.2.1　教育行业发展潜力

国内教育行业持续深化变革,其中教育与科技的结合不断加速且日益深入。在用科技提升教学效率和教育体验、推动优质教育资源均衡等方面,已涌现出一批优秀的探索成果,特别是人工智能、大数据等技术在教育场景中的应用,超前的概念正逐步变为现实。"教育＋科技"也成为教育行业和互联网巨头意欲争夺的"高地"。教育行业的发展有以下几个方向。

(1)大数据与物联网赋能高效的个性化教育。教育已经逐渐迈入大数据时代,大数据引领的风潮推动教育领域的发展和变革。随着教育大数据战略与应用价值的逐步凸显,教育数据采集与深度分析成为各教育应用系统的必备功能,通过采集更丰富的教育数据,提升信息系统的智能性。基于大数据的分析技术,教育机构通过对机构数据、公开数据、个人补充数据做综合处理,将建设更成熟的、体系化的教学及知识标签系统,从而完成教学信息的体系化。

同时,电子书包、互动白板、点读笔、智能摄像头等智能硬件形成教育物联网,与中心数据仓库无缝对接,为个性化提供大数据支持。物联网技术对学生日常行为数据进行云端存储分析,针对每个学生的个性标签,赋予识别和匹配能力,从而推荐更科学的教学方案,也赋能教育机构为学生提供随时可以触达的个性化内容,创造出意想不到的碎片化学习场景,实现学生教育的个性化。教师端的培训也会广泛采用个性化方式。此外,为了辅助用户解读和理解数据分析结果,可视化技术也越来越流行,成为各应用系统的基础性技术。

基于大数据和物联网的教育信息化市场产品类型丰富,涵盖教学、管理、教研、培训等多种业务。随着一系列教育改革的推进,应试教育将逐步转向真正的素质教育,教育的需求会变得越来越多样化和个性化。为了满足多元化的需求,教育大数据市场将出现越来越多提供特色服务的产品,包含学习分析、预警类产品,辅助教育管理、决策类产品,教育教学评价类产品和个性化服务类产品。

随着人们对教育大数据的深入研究和不断挖掘,大数据将促进教育的创新与发展。教育大数据作为一个新兴的研究领域,需不断探索与创新,推动大数据与云计算的深度融合,推进教育信息化,实现教育的深层次变革。

（2）人工智能时代的教育。最有效的方法就是根据一个国家的发展阶段和发展趋势，顺势而为来组织生产和教育教学。通过把握数字革命、人工智能（artificial intelligence，AI）革命等带来的机会，推动教育创新与发展。人工智能将是未来教育的巨大变量，可以全面赋能老师、学校和管理。

教育科技（education technology，Edtech）的浪潮实现了教育的信息化、在线化、数据化，也带来了 AI 工作的底层可能性。在教育信息化2.0 时代，每个学生身上可能有上百个传感器同步记录学习和行为轨迹，通过智能设备和计算机，使教学脱离时间和空间的限制，最终实现高效的个性化教育。而且 AI 可以完成许多重复、繁杂的工作，从而使教师将更多精力放在学生身上，实现因材施教。同时，科技不仅意味着更有效率，还意味着更多的连接，这种学习者与学习者、学习者与教育者之间的连接也变得前所未有的便捷。能贯穿教学的所有场景，并成为未来发展的趋势。

AI 技术在教育领域被广泛使用，充分赋能教学练测评各个环节，在课前、课中、课后等教学全过程中发挥越来越重要的作用，教与学变得更加便捷和个性化。AI 用更细致专业的分工提升整个教育行业的效率，无论是对于学生还是教师，AI 功能都能显著提高学习和教学效率，并带来学习和教学模式的革新。对于智能内容，AI 将论文格式化，通过深度神经网络的学习，可以输出相同风格的论文，一旦该技术成熟化运行，那么将极大地提高教学课程的设计。AI 还可执行部分教师和教学机构的行政职能，自动设定考核标准，收集学生的意见并智能地分析决策，最终给出反馈。

立德育人永远是教育的前提和首要任务，那么人师就不可替代。对社交的需求，对受欢迎的需求，无论是否在人工智能时代，对每个人的成长都非常重要。AI 完全代替真实教师还遥不可及，但是辅助教学是一个可行的发展方向。该方向的最终目标是创建虚拟的类人角色，这些角色能够以自然的方式思考、行动，做出反应和互动，并通过言语和非言语交流做出回应。所以,在人工智能时代,教师角色、同伴角色同样无法替代,不过,教师的角色会更加多样。AI将改变教师的角色,促进教学模式从知识传授向知识建构转变,同时缓解贫困地区师资短缺和资源配置不均的问题。未来的教育信息化,不再是教育手段的信息化,而是能够实现更加公平、有质量的教育体系信息化。未来的教育更多以项目为中心,以学生的探索和学生之间的学习为中心。未来是人与人工智能共生的时代。

从目前人工智能技术的发展程度来看,还不足以对我们的教育产生深刻影响,但是当它发展到了一定程度,就可能带来革命性影响。过去的教育创新,更多是基于理论和经验进行;未来的教育创新,更多会与技术密切相关。了解技术,学习技术,教育理论研究、政策研究、工具研究和方法研究中与技术的变革紧密结合,找到教育变革的方向。因此,需建立人工智能教育研究院、研究中心等机构来支撑未来的教育变革。

(3)AR/VR助力感官实践教学。增强现实技术(augmented reality,AR)和虚拟现实技术(virtual reality, VR)是全新的人机交互技术,集计算机、电子信息、仿真技术于一体,使用多媒体、三维建模、传感和实时跟踪等,将虚拟信息与现实世界无缝连接起来,通过将计算机生成的图像和文字等虚拟信息模拟仿真后,投射到现实世界中,从而创造超强的感官体验。将AR和VR技术应用于教育行业,同样将成为教育行业未来创新发展的趋势。

相比于传统的教育模式,虚拟现实技术拥有更多的教学优势,能够有力地改变教育行业发展的轨迹,成为未来教育行业的核心教育方式之一。据不完全统计,目前AR和VR技术在教育应用的学科分布主要为自然科学学科(42.1%),其次是人文与社会科学学科(26.3%)。交互式的虚拟体验加上和其他人的有效连接互动,智能技术的同步参与,使未来的教育模式发生根本转变成为可能,主要有以下三个方面:一是通过虚拟现实技术,学生能够实现有效的自主学习。在虚拟现实中,学生能够通过自身的行为影响并分析周围的环境,大大提升了学习的趣味性,也能对相关理论有更高层次的理解;同时,学生能够通过虚拟现实技术生成的不同场景进行仿真练习,以达到对知识梳理和锻炼实践能力的目的,从而达到较好的教学效果。二是通过虚拟现实技术,学生能够进行有效的学科实验。在现代教育中,一些实验无法在理想状态下顺利开展,或具有一定的危险性,或存在实验成本高昂等问题,虚拟现实技术能够较好地还原一些极端实验的实验场景,使学生不受限制地对一些实验进行操作和观察,达到较好的学习效果。三是虚拟现实技术将是锻炼学生技能的有效手段。虚拟现实技术能够如实记录学生在实际操作过程中的生理反应,对学生的行为不断进行纠正,达到训练学生技能熟练度的目的。特别是针对危险系数较高、实际训练成本较高的训练项目,通过长期的科学训练,可以显著增强相关专业人员的心理素质和职业能力。

在教育领域,对于高等教育的学生和研究者,AR 和 VR 的应用使得传统的教育模式发生根本性的变化。目前虚拟现实技术在教育领域的应用还相对较少,相信随着科技的进步和普及,虚拟现实技术将会在未来的教育事业中产生深远影响。

(4) 5G + 教育。随着 5G 的发布,网络等基础设施越来越完善,其低时延性、高速度给整个教育培训行业带来巨大推动。在 5G 时代,网络资源条件限制将被彻底解除,VR、AR 等扩展现实(extended reality,XR)业务将走出科技馆,VR 教室、VR 虚拟实训、VR 双师课堂等各类 XR 教育业务以云 XR 形式发展,解决互动教学功能单一问题,解决教学资源陈旧、教学手段落后问题,全面提升教学信息化水平,促进区域间教育质量均衡发展。

"5G + 同步课堂"同样具有很好的应用前景。基于 5G 大带宽和低时延特性,结合 4K/8K 超高清视频、智能云等新技术成功打造了 5G 同步课堂云平台。该平台将互动教学、直播录播、课程分享、线上培训、网络教研、视频会议等应用整合统一,打破应用孤岛,打通 5G 教育虚拟专网和互联网,实现全连接。"5G + 云 XR"彻底释放潜力,XR 教育行业将迎来高速发展机遇。

5G 网络的成熟,将使用户更加便捷地开展 XR 教育业务,并将促进多形态 XR 业务与教育教学内容的不断丰富。同时,5G 网络使得接触教育资源的速度加快,将 XR 教育内容云化,可以提供更加高效便捷的内容分发能力。在 5G 网络的支撑下,学生不管身处何地,都可通过网络即时获取所需的 XR 教育内容资源。

XR 教育市场当前处于高速增长状态,预计基于 5G 的面向教育行业的云 XR 业务规模部署后,将快速占领 XR 教育市场。中国教育装备采购网的教育 XR 项目数据统计表明,2019 年,教育 XR 项目数量和项目资金支出平均保持 200% 左右的增长。

无论是大数据、人工智能,还是虚拟现实和 5G 网络等技术,在改变教育的"术"方面大有可为,然而改变教育的"道"则非常有限。因此,只有在坚守教育本质、尊重教育规律的前提下,才能实现教育与科技更好地融合。

4.2.2 基于数字化智能平台的教育发展创新与投资

要真正将新技术支撑的教育信息化 2.0 变为现实,特别是在此基础上实现教育的持续发展与创新,应聚焦新时代学生学习和教师教学存在的瓶颈问题,充分利用人工智能、大数据、"互联网＋"和虚拟现实等技术,通过整合长三角经济核心区的各类资源,建立基于数字化智能的高端教育共享发展大平台。该智能平台的建立为高等教育的发展带来了一些新的方向。

(1)基于大数据的全面教学活动调控。学生缺乏学习动因和持续力,缺乏体验、感悟和探究的机会,疑难深度知识理解困难,课堂教学缺乏个性化,教学过程监测和评价困难等,是新时代学生学习和教师教学存在的瓶颈问题。学生迫切需要自主选择适合的方式,得到最适合的教师帮助,并找到最佳合作伙伴共同完成学习活动。与此同时,教师需要根据所教学生的情况,实时安排和调控课堂教学、课后作业和学习活动,并提供有效工具和支撑资源。基于大数据的全面教学活动调控能助力这样的教与学,即培养学生的创新与合作能力、认知与系统思维,提升学科关键问题的解决能力、专业职业能力以及多元智慧等。此外,还能够根据学生学习的实际情况,动态确定教师的研培方向,促进教师群体素质的提升与发展。

依据不同学科的学习目标,确定教学大数据的框架设计,在教与学的动态过程中为学生和教师建立完整的教学大数据。基于教学大数据,实现全面的教学活动过程监测与调控,包括以下三个方面:一是依据学生的学习大数据,为学生建立每一个知识点、章节单元和整个学科的学习调控体系,帮助学生找到适合自己的学习层次和方式,并及时调整,以顺利完成相应问题及任务的学习,并得到个性化的指导与发展。二是依据班级学生总体学习情况大数据,教师可及时调整教学安排,为班级整体个性化学习提供学习路径建议和合适的学习深度。三是依据所有教师实际教学情况大数据,教研部门将有共性问题的教师组织在一起开展有针对性的研修活动,教学管理部门也可全面评估教学质量。由此,真正通过大数据和"互联网+"实现教学和学习的精准调控与全面管理。

(2)线上线下无缝连接+微课模式。在传统高校教学中,教师一般根据书本知识和自身的实践经验进行教学,由于教师个体经验积累的局限性,以及传统课堂在时间和空间上的限制,不可能全方位地根据学生的个性进行灵活性和针对性教学,在一定程度上限制了学生的发展,而且一旦教师自身的持续更新学习出现了滞后性,就会直接影响学生的学习效果和潜能的激发。2020年,突如其来的新冠疫情给各行各业造成了不同程度的影响,其中对教育行业的影响更是严重而广泛。在教育部提出"停课不停学"的应对措施后,在外部环境保障全体师生安全的情况下,在内部教育自身的发展需求推动下,教育行业做出了整体的策略调整与创新。通过基于数字化智能平台的线上线下混合式教学新模式建设,既保证了高等教育的连续性,又突出了以学生为中心的教学创新理念,并强调学生全方位参与和及时反馈交流的闭环教学过程,为整个教育行业带来了深刻的变革。

基于数字化智能平台的线上线下混合式教学是利用先进技术,将互联网学习与传统课堂教学模式有效地融为一体,是一种以教学目标为导向、以学生为中心的新型教学模式。结合 AR 和 VR 的物联网终端、AI

等多种新技术,在5G网络基础建设的支持下,完成信息、设备的高速通信,实现本地AI运算和反馈。由此,在线教学场景进化为虚拟教室,可具备AI分析、高清直播互动和个性推荐等多种功能,学生和教师可享受在线的便利,同时兼得面对面教学的质量。将人工智能、大数据和"互联网+"技术与名师和优秀学生在动态过程中有机结合、协调工作,通过深入、系统和持续的挖掘,使得基于数字化智能平台的线上线下混合式教学越来越适合更多学生的个性化学习需要。

除了新技术的支撑与实现外,基于数字化智能平台的线上线下混合式教学的关键在于合理设计和安排不同的线上、线下混合教学场景。可将教学全程设计为"引入、目标、前测、交互、后测、小结"6个阶段,从吸引学生学习兴趣入手,在教学之前告知教学目标以实现目标导向,并对学生进行学前摸底测验,了解学生的知识能力储备情况,再根据测验结果设计互动的参与式教学活动。针对线上和线下各自的特点与优势,按照6个阶段脉络,合理分配和高效整合线上线下资源开展教学活动,收获良好的教学效果。通过智能录播和微课形式可快速转化线下内容到线上,实现了真实教学环境与网络在线虚拟环境的混合,更直观、更生动地阐明知识点,提高学生的课堂参与度和学习的深度。微课具有教学时间短、教学内容少、资源容量小、资源使用方便等特点,能更好地满足学生对不同学科知识点的个性化学习,按需选择学习,既可查缺补漏又能强化巩固知识,是传统课堂学习的一种重要补充和拓展,还可根据不同类型选择合适的微课,其类型主要有讲授类、问答类、启发类、讨论类、演示类、练习类、实验类、表演类、自主学习类、合作学习类和探究学习类等,能满足各类教学场景的不同需求。

线上线下混合教学是师生间课堂交流与网络交流的混合,也是网络自主学习、合作学习、接受式学习与发现式学习等多种学习模式的混合。线下线上优劣互补,信息无缝无损对接,能提高学生的自主学习能力,学生在课下的学习心得拿到课堂上与同学进行讨论,与教师进行沟通,从而在兴趣和自我学习的基础上将知识内化。

(3)新时期的高校创新教学。传统的高校教学模式基本上都是知识传授型的,其结果常常并不尽如人意,究其根源在于这种教学模式从本质上说违反了人类认识的基本规律。因为人都是在具有了相当的感性经验基础上才能进入理性认知的层次,当所传授的知识是高度抽象的、封闭的,与学生的生活经验相脱离,学生就无法体验其中的意义和价值,从而难以激发其求学兴趣。因此,将所教的知识与学生的生活经验联系起来,能够对学生固有的知识结构有所触动,能够与学生的未来职业生涯建立起联系,这是高校创新教学的核心理念。

大学创新教学观念的重心就是把"知识传授"转变为"知识探究",把"知识接受"转变为"能力培养",因而这种教学是在"以问题为中心"方式下实现的。此时,知识不再强调系统性和前沿性,而是更强调其适用性,即它是学生自己能够应用的知识。学生在教学活动中以一种知识探究者的身份出现,而不仅仅是知识的被动接受者。学生通过探究来建构自己的知识体系,而学生的能力培养在这一探究过程中得以实现。这样培养的人才不再是过去所谓的理论型或应用型人才,而是一种新时期的创新型复合人才。同时,教师也不是现成知识的简单传授者,而是问题背景的设计者、研究过程的指导者、学生疑难的咨询者和研究结果的评价者。而且,师生之间也不再是传统的师道尊严关系,而是一种团队合作关系。只有建立这种新型的教学关系,才能真正促进学生投身于知识的探究性学习中。

近 400 年来的现代高校教育形成了讲授法和讨论法两种教学范式。传统的讲授法传授知识系统且高效,但本质上是被动学习;长期在教学改革中形成的讨论法,能够提升学生的主动性,但知识学习的系统性和效率欠佳。两种教学范式各有千秋,也各有致命缺陷,一直无法有效融合,形成了教育改革的又一瓶颈。对分课堂是新时期新型教学模式的代表之一,其形式上把课堂时间一分为二,一部分留给教师讲授,另一部分留给学生进行讨论,在讲授和讨论之间引入一个心理学的内化环节,让学生对讲授内容进行吸收之后,有备而来参与讨论。对分是讲授与讨论的有机整合,并不是简单的"讲授 + 讨论",不同于讲练结合、精讲多练、翻转课堂、自主课堂、高效课堂、案例教学等,它是全新的教学模式,从如何教到如何学,从作业布置到课堂管理和效果评价,与传统教学都有根本性区别。

对分课堂理念深刻、简明易用,能变被动学习为主动学习,显著提升学习效果,同时全面培养批判性思维、创造性思维、沟通与合作能力等核心素养。对分课堂既非纯粹"以教师为中心",也非纯粹"以学生为中心",而是适合中国教育的现实和本土特色鲜明的"中庸"课堂。对分课堂教学法把教学刻画为时间上清晰分离的三个过程,其开展的流程根据学生学习的认知规律进行规划和设计,分别为讲授、独学和讨论(见图 4.1)。对分课堂传承了传统教学智慧,基于三个模块灵活开展几个环节的教学活动,使讲授法与讨论法两者互补短长。

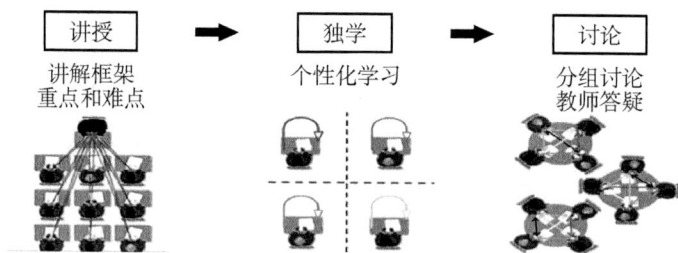

图 4.1 对分课堂的基本流程

资料来源:https://mp. weixin. qq. com/s/o56F8wux5bom4Sj8MzL3NA。

整个过程中教师基本上没有任何变革的障碍,仅由事无巨细的讲解到提纲挈领的讲解,由解决教师预设的问题到解决学生自己的问题,由教师批改作业到学生相互批改作业,由满堂灌到教师讲的活动和学生自学以及相互学习的活动对半安排。这些改变均无须教师专门学习新的复杂方法,也基本不用借助什么技术手段即可实现(当然通过使用一些信息技术手段会提高教学的效率)。一些实验研究证明,开展对分课堂在没有增加教师教学负担的情况下,有效提升了学生的学习效果,并且学生在合作、沟通、创造方面的表现也得到了显著提升。

除了对分课堂,新时期还出现了一些创新教学法,也可帮助提高教学质量。一是基于项目的学习。基于项目的学习与问责制相结合,包括开发焦点问题、精心设计性能评估、允许选用多种解决方案、争取社会资源和确定有意义的项目主题等。二是基于概念的教学。克服了基于事实的、死记硬背为主的标准化课程的缺点。三是技能与知识并重教学。创新与社会所需的技能是密切相关的。选择一些技能,如协作、批判性思维,将其融入课程,并使用详细的量表去评估和分级技能。四是组建团队教学法。使用特定方法组建团队,学生通过合作学习,成为优秀的合作思考者,同时评估团队及其职业道德,期望学生批判性反思正在进行的工作与工作最终的产出。五是使用思维工具。通过思考问题、分享感悟,寻找解决方案,并鼓励不同解决方案的存在。

（4）与时俱进的教学质量保障体系。新时代,我国高等教育走上以提高质量为核心的内涵式发展道路,全国掀起质量革命建设的热潮,学生中心、产出导向、持续改进的教育理念更加深入人心,以提高人才培养水平为核心的质量标准、质量文化和质量体系建设不断完善。教育部也相继出台了新高教 40 条、"六卓越一拔尖"计划 2.0、"四新建设"、"双万"计划、"金专、金课"建设等一系列重大举措。随着经济社会和科学技术发展,教育教学变革大势所趋,教学督导亦要与时俱进,充分发挥对学校内部教学过程和教学质量的检查、评价、指导和咨询作用。因此,建立建设与时俱进的高校教学质量保障和评价体系是高校开展高质量人才培养的基石。在教学中,学是目的,教只是手段,高校应积极从"课堂、教师、教材"三中心向"以学生为中心"转变,即"以学生发展为中心、以学生学习为中心、以学习效果为中心",是教学质量保障的关键。在教学评价中,以学生学习效果而不是以教师教学效果作为评价标准,具体有以下内涵。

一是突出学生在教学质量保障和评价中的主体性地位,具有系统性和向生性。从教师角度看,评价内容贯穿整个教学进程,既包含课堂的教学实施,又包括课前准备和课后辅导,充分发挥教师的促进者、辅助者作用。从学生角度看,学生对自身学习最有发言权,关注学生参与学习活动的亲身感受,鼓励学生参与评价标准的制定过程,关注学生课程学习的兴趣和态度,关注学生在学习过程中的表现,以及课程结束后的学习效果。同时,培养学生自我评价能力,真正关注学生的学习过程和成果,从而指导其学习方向,激励其持续努力。据此,教学质量保障体系应落脚于学生学习和学生发展,通过学生的发展状况反映教学质量,确保学生在评价中的主体地位。

二是教学质量评价内容多元、广泛,既关注教师教学整个过程,又关注学生学业收获,并兼顾学科特点。理顺学生为什么学、学什么,学生希望教师怎么教,学生应该怎么学等方面,真正关注学生的发展、学习和学习成果。评价问题的设计应具体而全面,问题必须务实,具有可操作性。以能够观察到的教学事实、学生对课堂教学的各种感受、学生实际学习效果作为评价内容,关注学生学习效果、学业收获,将学生的学科理论知识掌握情况、学习态度和兴趣、学生创造性和批判思维能力发展均纳入评价体系,以期对学生总体学习情况有完整、立体的了解。

三是建立具体全面的评估指标体系,评价标准更加多元,提高教学评价的真实性和科学性。综合定量评价和定性评价各自的优势,加入自我评价与同行评价的方式,注重多种方法综合使用,从而对评价对象有总体深入的认识。同时,合理安排定期评价和经常性评价以获得评价的动态资料,最大限度地发挥评价对教学的改进功能。

四是完善反馈机制与教学反思。在每一次教学评价之后,评估部门应将评价结果反馈给教师,为教师改进教学提供建议,促进教师教学专业化发展。反馈机制能够充分发挥评价对教师改进教学、学生增强学习效果的服务支持作用,以发展性评价和教学反思激励机制激发教师的内在潜力,引导教师以教为业,促使大学教师充分发挥自己的教学才能,提升高校整体教学实力和人才培养水平。

4.3 长三角经济核心区高端职业教育建设路径

人类命运共同体是今后社会发展和价值取向的新趋势,职业教育作为高端教育的重要组成部分,其教育思想、活动过程和人才教育目标等都关乎着人类命运共同体的创建效果。因此,高端教育职业教育的建设与发展要走国际化路线,时刻以全球化思想为基础,强化在国际社会上的影响力,健全现有的职业教育合作制度,和人类命运共同体思想具备一定的适应性。

对于一座城市而言,其职业教育整体水平在一定程度上能反映这座城市的就业走向和产业结构及发展趋势。2019 年 12 月,中共中央、国务院印发《长江三角洲区域一体化发展规划纲要》,意味着长三角区域必将迎来突破性的发展。而区域经济的发展离不开人才的支持,各类人才的需求必将大幅提高。长三角一体化中,产业转型创新是重要的发展方向,而产业转型创新迫切需要职业教育的转型创新与之相适应,其中长三角高端职业教育的优化布局和资源整合,显得尤为紧迫。

世界技能大赛是迄今全球地位最高、规模最大、影响力最大的职业技能竞赛,被誉为"世界技能奥林匹克",其竞技水平代表了职业技能发展的世界先进水平,是世界技能组织成员展示和交流职业技能的重要平台。2021 年第 46 届世界技能大赛将在上海集中举办,如何携长三角之力共同精心、精彩办好这届在中国举办的世界职业技能大赛,并有所创新,也是提升长三角高端职业教育水准的大好契机。

4.3.1　推进长三角经济核心区高端职业教育一体化高质量发展建议

长三角职业教育的一体化研究和推进有一定基础。早在 2009 年,长三角就建立了长三角教育的协作机制。上海与苏浙皖三省分别于 2018 年 12 月和 2020 年 11 月共同签署了《长三角地区教育更高质量一体化发展战略协作框架协议》和《新一轮长三角地区教育一体化发展三年行动计划》。长三角教育联动发展协调领导小组协同三省一市,搭建了职业教育一体化协同发展平台,组建长三角智能智造职业教育集团(浙江)、软件职业教育集团(江苏)、电子信息职业教育集团(上海)、国际商务职业教育集团(安徽),试图在高教、职教、师资、校企合作等若干领域深化协作。但由于传统的教育理念对于职业教育的认识有失偏颇,缺乏与一般学历教育一视同仁的视野和相应制度,职业教育在社会上的地位不高,重视程度不足,同时又缺乏相应的具体指导单位予以督促和组织推进,迄今为止效果不佳。如何充分把握长三角一体化发展的重大机遇,深入推进校际、校地、区域间的联合互动,在职业教育高质量一体化中分享更多合作红利,还有很多方面需要合力探索与突破。由此,笔者提出以下针对推进长三角高端职业教育一体化高质量发展的建议。

第一,依托 2020 年 8 月长三角生态绿色一体化发展示范区执行委员会发布的《长三角生态绿色一体化发展示范区职业教育一体化平台建设方案》,打破行政壁垒,职业教育率先走向一体化。按照"信息共通、资源共建、人才共享、成果共享"的原则,构建高端职业教育一体化发展机制,促进区域优质资源的流通、均衡教育的发展,推进教育链、人才链与产业链、创新链有机衔接,将长三角经济核心区打造成为职业教育高地。

第二,建立长三角一体化示范区产教融合统一平台,加强职业教育高端资源建设。突出职业教育与产业需求的深度融合,建设长三角产业规划与教育规划全面对接、专业设置与产业结构全面对接、学校发展与企业成长全面对接、人才培育与区域发展全面对接的资源共享模式。横跨沪苏浙皖的长三角一体化产教融合示范区,成为区域一体化发展的国家试验田。

第三,完善长三角一体化"十四五"人才规划,推出统一的高端人才共建计划,协同、错位培养专业人才,为区域产业发展提供充分的智力支持和人才保障。研究出台长三角经济核心区职业资格互认的实施细则,探索推进职称联合评审、职业技能等级证书互认和高技能人才项目共享机制。以赛代评,开展长三角经济核心区高层次人才创业大赛,加快推进长三角人才一体化发展。抓住 2021 年世界技能大赛的重要契机,引入国际优质教育资源,研究建设长三角国际职业教育创新示范园区,整体提升长三角职业教育水准。继续着力推进综合性、复合型专业人才培育建设,打造和升级高水平专业化产教融合实训基地,利用更优质的职业技能教育,培养更多专业的高端应用型技能人才。

第四,促进名城名校名企融合发展,优化院校与专业布局,打造彰显长三角经济核心区高端职业教育特色的品牌。将长三角示范区作为要素循环的重要节点,结合各自产业差异化优势,协力建设产业链和产业集群,推动教育研发和人才加速集聚,进行区域联动、协同优化院校与专业布局,引导高端职业教育资源向国家战略导向的长三角生态绿色一体化发展示范区集中,推动示范区成为集聚高端院所的重要枢纽。

第五,深入推进长三角职业教育一体化发展机制,改进和创新职业教育管理体制,加强和提升职业教育组织机构的综合协调、专家智库及组织实施的地位和作用。细化并落实长三角经济核心区职业教育院校的招生入学、学籍管理、专业设置、教师信息服务等工作方案。充分调动大型教育集团与央企、大型国有企业与职业院校的校企合作的积极性,推动长三角产教融合的新型高等职业院校建设,深入推进高端职业教育一体化发展建设。同时,探索建立"揭榜挂帅制"科研项目的立项和组织机制,保障和持续加强长三角经济核心区科技类社会组织的创新动力。

第六,整合政府、市场和社会各界资源,初步形成长三角"业界共治、机构法定、市场运作"的跨域治理新格局。依托已揭牌成立的"长三角地区联合职业教育集团",聚焦若干产业领域,围绕产教融合和校企合作,推进相关优质职教资源共享。将职业教育资源的配置、职业教育设施的投入和职业教育规划纳入产业生态链中,包括正在推行的科创综合体和科创大走廊。同时,适当引入职业教育投资并购市场,鼓励有条件的大型职教集团上市,通过资本市场高效配置职教优质资源,使长三角的职教资源能参与国际竞争与合作。

第七,在全球化发展的视角下规划高端职业教育的发展方向,积极进行国际职业教育的合作与沟通。强化国际职业教育行业之间的互动,涉及技术研究和增值类服务体系的创设,为产教国际的发展提供平台,为学生提供国际交流和培训的机会,促进产教融合国际化的深度发展。职业教师要积极参与国际教育交流,吸取新时代的国际化教育思想和观念,推进师资队伍融合共育。立足于双边教育的机制,打造中外以及外方联盟体系的创建局面,鼓励学生积极参与国际文化学习活动,潜移默化地培养学生国际化职业发展意识,实现职业教育教学空间延伸的目标。职业教育创新到细节,外引项目资金,内强办学品质,提高育人质量,积极融入长三角一体化,迈入欣欣向荣的高质量国际化发展新阶段。

4.3.2 新经济、新技术转型下的职业教育

2021 年 1 月,麦肯锡全球研究院发布了题为《中国的技能转型:推动全球规模最大的劳动者队伍成为终身学习者》的报告,根据其未来工作模型预测,到 2030 年,中国有多达 2.2 亿劳动者将因新技术的影响而变更职业。在中等自动化情景下,约有 5 160 亿工时,平均到每名劳动者约为 87 天,将因技能需求变化而需要重新部署。其中,前沿创新者的需求增长 46%、熟练专业人才的需求增长 28%、一线服务人员的需求增长 23%,制造业工人的需求减少 27%、建筑和农业劳动者的需求减少 28%(见图 4.2),22%~40%的中国农民工易受自动化的影响。总体而言,全球有多达 36%的职业和技能变更将发生在中国,其中,体力及人工操作技能和基础认知技能的需求将分别下降 18% 和 11%,社会及情感沟通技能和技术技能需求则会分别增加 18% 和 51%。

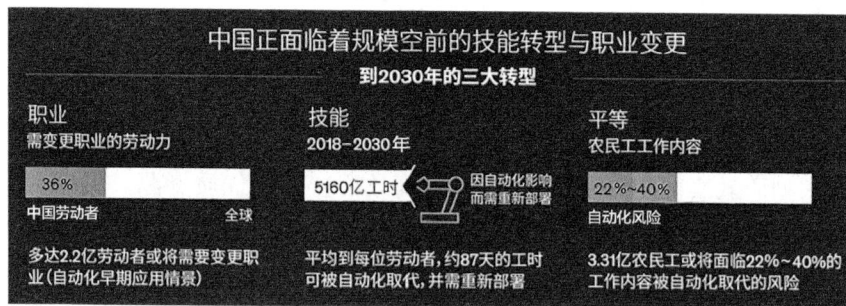

图 4.2 中国适应后工业经济时代发展需要的转型

资料来源:麦肯锡全球研究院. 中国的技能转型:推动全球规模最大的劳动者队伍成为终身学习者[EB/OL]. [2010 - 02 - 15]. https://www.mckinsey.com.cn/wp-content/uploads/2021/01/MGI_Reskilling-China_Executive-Summary_-CN.pdf.

以往,革命性技术从炫酷的概念转化为真正推动生产率的实际方案,至少需要 10 年,但新冠疫情让人工智能和数字化等领域的转型大幅提速。然而这一进程并不一帆风顺,企业是在巨大的压力之下不得不实施或匹配新技术,导致某些系统效果不佳。因此,在新技术背景下,职业教育的短期挑战是如何应对新冠疫情,构建数字化有效方案,形成制度化的协作生态系统,优化教育路径,更好地为企业服务,以数字化促进生产率提升,助推第四次工业革命(见图 4.3)。

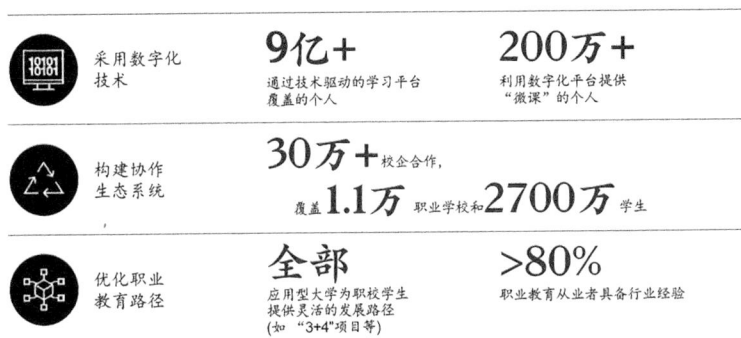

图 4.3　新技术背景下职业教育的发展路径

资料来源:麦肯锡全球研究院. 中国的技能转型:推动全球规模最大的劳动者队伍成为终身学习者[EB/OL]. [2010 - 02 - 15]. https://www. mckinsey. com. cn/wp-content/uploads/2021/01/MGI_Reskilling-China_Executive-Summary-_-CN. pdf.

中国在推进数字化职业教育和培训方面有很大优势,庞大而年轻的市场可以促使数字商业模式快速实现大规模的商业化。例如,中国的电子商务和移动支付渗透率达到许多国家或地区的两三倍,中国超过95％的网民用手机上网,O2O、社交电商、流媒体直播等创新模式在中国快速普及。超过 9 亿人(几乎是中国全部网民)可以通过数字化学习来满足技能转换的需要,超过 200 万人可以利用数字化平台提供微课,以弥补传统课堂教学的不足。而且中国在教育技术投资领域的地位正日渐稳固,如图 4.4 所示,2019 年,中国的教育风险投资占全球总额的56％,各个细分板块的解决方案丰富多样。2014—2019 年,中国教育科技领域获得的风险投资年复合增长率为 45％,总额达到 39 亿美元,市场潮力巨大。

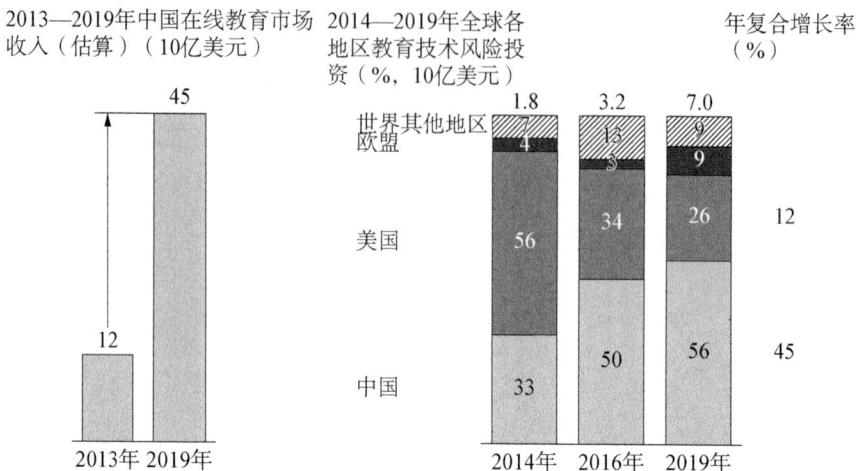

图 4.4　教育技术在中国

资料来源：麦肯锡全球研究院.中国的技能转型：推动全球规模最大的劳动者队伍成为终身学习者[EB/OL].[2010－02－15].https://www.mckinsey.com.cn/wp-content/uploads/2021/01/MGI_Reskilling-China_Executive-Summary-_-CN.pdf.

　　推动如此大规模的数字化转型是一项艰巨的任务，需要整个社会的参与。此外，为避免出现重大问题和意想不到的后果，有必要先在相对较小的范围内试点，积累最佳实践后再向全国推广。在很多方面，中国的一些地区，特别是长三角地区已经有了成功案例。

　　互联网环境下的职业教育不仅是将现代科学技术引进校园，提升办学质量，改善办学环境，也是充分发挥互联网在优化社会资源配置中的作用，让职业教育领域受到正面影响，让职业教育与互联网实现深度融合。采用数字化技术，使基于课本的传统教学方式向更具互动性的多渠道模式转变。职业教师和内容开发者可以利用数字化技术制作微课，并借助人工智能技术和游戏化学习让内容更具互动性和个性化。线上与线下融合模式对教师角色的重新定义，增加了农村学生的受教育机会，其内容质量与城镇学校相当。数字化平台还能通过在线培训和寻找潜在就业机会，帮助学生求职。

按照社会对人才的需求，及时调整职业教育创新课程和教育培训模块，提高学生职业素养，不断培养合适的、急需的、高水平和高素质的专业职业人才。突破职业教育专业以及课程标准类型，基于国际化和学生的成长与发展，按照新的发展趋势，构建课程体系以及相关教育内容，组织学生针对性地了解新专业学习的重要性，增进学生、教师和职业导师之间的沟通以及学生与学生之间的互动，提高学生自身的职业素养和市场竞争力。除此之外，为学生设置职业技能大赛仿真平台，帮助学生巩固自身的专业技能，借助互联网时代的先进技术设计远程教育和数字化校园等，潜移默化地培养学生树立正确的、与时俱进的职业思想观念。

据麦肯锡全球研究院估计，未来全球超过 20％ 的劳动者即使不在办公室，也可保质保量地完成多数工作。这不仅是因为新冠疫情被迫为之，还因为自动化和数字化技术的进步让远程工作成为可能，这些技术在疫情期间的普及速度大幅提升。要转向新技术下的远程工作模式需要克服两个重要挑战：一是明确办公室所扮演的角色。传统的职场环境创造了组织文化和归属感。企业必须制定从房地产到工作场所设计，再到培训和职业发展等方方面面的新决策。二是如何让员工适应自动化、数字化和其他技术要求。这是各行各业普遍面临的挑战，甚至包括与远程工作无关的行业。因此，在职劳动力的职业教育与培训在不久的未来就是重要事项。

雇主，特别是私营企业雇主也可以发挥重要作用，作为教育者、培训者，甚至是投资者。许多技能转型发展事项都可以借助企业的力量，例如企业大学既可为组织内部服务，也可为外部服务。企业可以考虑与外部教育机构合作开展基于学员规模的培训项目，并出台专门的激励措施。要开启这一旅程，企业高管需首先了解近期需要哪些技能，列出一份优先事项清单，包括找出技能缺口、确保管理层投入更多时间培训员工、寻求与教育机构建立合作关系、把培训作为企业和政府关系的有机组成部分等，然后量身定制能满足这些需求的学习机会，最后评估效果的优劣，以此打造企业终身学习的文化（见图 4.5）。

关键行动	备选方案
✓ 明确劳动者技能优先顺序。找出技能缺口，投入管理时间和预算来填补缺口	· 技能和能力图谱 · 竞争标杆分析
✓ 扩大技能培训。提供覆盖所有工人所需的培训，最好是有针对性的内容	· 数字化平台 · 基于学员规模的培训方案
✓ 确保培训激励措施到位。实行选择退出培训制度，并与业绩评价制度挂钩	· 企业信贷银行 · 修订评估指标，以反映学习情况
✓ 调整培训内容。提供学习、实操、反馈相结合的方式，提高学习效果	· 数字化技术（如游戏机制） · 实地考察和在职培训
✓ 追踪影响。确保部署有效的评价体系，追踪培训效果和投资效益	· 培训前和培训后评估 · 同伴观摩，自我反思
✓ 建立合作关系。拓展与教育机构的合作关系，提供有竞争力的最新项目和内容	· 企业大学 · 政企合作
✓ 把培训纳入政府事务相关工作。确保提供培训成为政企关系的有机组成部分	· 政策监控与解读 · 公共项目申请

图 4.5　新技术背景下企业职业教育的关键行动

资料来源：麦肯锡全球研究院. 中国的技能转型：推动全球规模最大的劳动者队伍成为终身学习者［EB/OL］.［2010 - 02 - 15］. https://www. mckinsey. com. cn/wp-content/uploads/2021/01/MGI_Reskilling-China_Executive-Summary-_-CN. pdf.

4.3.3　成果导向型高端职业教育模式

　　长三角的职业教育水准较高，教育资源及教育设施的投入较多，但发展不够均衡。上海虽在公共实训基地投入方面走在长三角前列，但在高职教育上不如苏浙；江苏的职业教育资源相对来说比较丰富，尤其是苏锡常沿线职业教育资源充沛，而安徽的职业教育在均衡上则稍逊一筹。这就迫切需要在长三角职业教育一体化中进行顶层设计，统筹规划资源，建立成果导向型高端职业教育模式。

　　成果导向教育理念核心是彻底摒弃以往以教师为中心的课程体系构建方法，面向区域资源与职业需求，取长补短，围绕学生知识、能力、素质需达到的指标，全面构建课程体系，根据教学大纲设定的教学目标进行教学设计。该教学理念下的教学质量监控与评价是以学生学习结果与区域职业要求的一致性为唯一标准，要求课程设置、教学、考核评价都要依据培养目标。通过成果导向教育理念,形成一流的课堂教学,使学生在其思想观念、价值取向、精神风貌的成型期打牢成长发展的基础,以保证其知识架构和基础能力的形成符合区域发展的要求。教师采用启发式的创新教学方法,利用技术和课程的整合,提高课堂的教学效率,引导学生夯实知识基础,了解学科的发展历史、动态和前沿,充分接触社会实际,接受专业训练,在分析和解决问题的过程中,逐步刺激和引导学生思维,练就独立工作能力,成为具有社会责任感、创新精神和实践能力的高素质专门人才,为学生成才立业奠定坚实基础,为区域的发展提供坚实的保障。

4.4　长三角经济核心区高端国际教育区域协同、产业联动建设路径

上海,不仅是长三角经济核心区的龙头和中心,更是全球资源配置的亚太门户,是具有全球影响力的超级城市。上海不仅拥有财富、资本的积累,吸引大量外部人才和技术沉淀,而且构筑功能平台、吸引流量,成为连接国际要素资源的接口,促进内外流通。因此,上海在长三角经济核心区高端国际教育中心建设中必定起到引领作用,既是荣誉也是义不容辞的责任。但这并不意味着上海将在高端教育平台建设中"单打独斗",而是必须加快构建长三角区域创新共同体,整合区域资源,强化协同创新,加强分工协作,促进创新链和产业链的深度融合,打造世界级的高端教育产业集群,与长三角城市共同培育新教育、新业态、新模式。根据对中国和全球最佳实践的深入研究,笔者认为长三角经济核心区可从以下举措入手开展高端国际教育区域协同、产业联动。

4.4.1　加强区域协同治理,促进人才区域流动,升级打造长三角新教育联盟

我国的行政区划设置使政府治理的边界和权力责任变得清晰,但随着区域一体化发展越来越深入,跨越边界的协同治理越来越重要。虽然

长三角地区已经建立了两省一市主要领导座谈会、市长联席会、各类交流会、洽谈会等合作机制,但在协同治理方面仍然面临诸多短板,如公共服务资源的优化配置、科技创新的联合攻关、跨区域教育的联合共享等。因此,通过一体化的管理,更好地实现跨区域协同治理,促进长三角地区逐步实现公共服务均等化、资源配置最优化、区域治理一体化,是实现城市群同城化、一体化的关键之举。

进一步发挥长三角一体化的国家战略优势,顺应"大智物移云"的发展趋势,加速长三角经济核心区高校的深度融合,致力于打造升级全新的长三角高端教育联盟。依据先前试点的基础和积累的经验,两省一市教育行政部门"抱团"争取国家政策支持,依托高校、研究院和企业,携手做好区域高端教育改革发展重大政策的研究与重点项目服务等工作。通过跨区域的师资培训、异地交流任职等,促进高端教育领域更多的名师、名校长在长三角有序流动,打造高端教育人才蓄水池。通过长三角访问学者机制,促使优质教育资源的进一步辐射。新教育联盟提供灵活且有竞争力的教育路径,将教师具备行业经验作为基本要求,有助于更为有效地推动人才技能发展与转型,并有诸多准入点以方便劳动者灵活地重返学校接受再培训和追求更高技能的工作。新教育联盟的升级,无疑将大大提升高校教育创新和服务社会的能力,促进区域内高校及企业的深层合作和共赢发展。

4.4.2 双师型教师是新时代高端教育教学不可或缺的重要人才

以提升教师能力为目的,以校企共育为手段,以国际合作为契机,以制度激励为保障,从教学能力和服务产业能力两方面开展针对性的教师培育项目,充分运用企业、高校、政府等多方力量和资源,建立既符合教师个人发展规律又可服务于区域产业升级的双师型教师队伍培育体系,实现高端教育教师的全面发展和升级。

深化培养双师型教师自身的能力和素质,增设内培外引环节,实现高端教育教师培养模式的多元性。定期安排教师的校内培训,不断更新知识结构和教学活动,实现双师型师资团队内培的常态化。同时,制定培养双师型教师实践能力的制度,合理分配并安排教师参与实践锻炼和实践教学活动。高校可以结合自身专业的特点启动企业导师制度,教师的培训采用学工交替的形式。与此同时,在为教师选择企业导师时应当优先选择业务能力强、专业知识丰富、责任心强的企业员工,并要求多与教师交流分享经验、定期进行工作汇报和考核,使其逐步成长为优秀的双师型教师。同时,也可以聘请更多的企业专家来校授课,企业导师运用教师的知识提高了自己的技能,教师则通过企业导师掌握了最新技术和实操经验,以实现双赢效果。

鼓励和支持教师考取"1+X"证书中的 X,成长为行业专家,不仅能够胜任教学,还能够参与和指导专业学科的建设、人才培养模式的创新、学生的实践训练,同时帮助企业解决行业技术难题。搭建行业专家与教师之间的互助交流学习平台,教育主管部门协调配合各个学校,通过网络载体形成学科资源库、教师交流合作互助等多区块融合的体系,为教师之间的学习和工作经验的交流、资源的获取提供便利。

4.4.3　构建长三角高端教育校企协作的新生态系统

在高教领域,长三角的区域合作项目数量多、基础扎实、成果丰硕。无论是集中展示高校科创成果和实力的工博会,还是汇聚沪上大学生文化创意作品的"汇创青春"活动,对长三角高校的师生来说,都是成果展示的平台、促进交流的契机。但目前来看,中国高端教育体系培养的人才与雇主的需求存在一定程度的脱节现象,可通过加强院校与企业之间的深入协作填补这一缺口。在沪深两大证券交易所上市的企业约有4 000 家,2020 年《财富》世界 500 强上榜企业中,中国企业超过了 120家,中国的企业生态系统充满活力,这也有利于促进企业与各公共部门间的合作。事实上,加强协作对所有相关方都有好处,雇主可以获得合格的人才,院校可以提高学生的就业安置率,政府则能受益于劳动生产率的提高。

新的经济形势对提升创新能力有迫切的需求,企业可在高端教育中发挥更大的作用,参与课程设计、培训和招生,开展广泛的产学研合作,而政府也可以促进相关方之间的合作。长三角地区涌现出了一些好的实践，如阿里巴巴集团与杭州师范大学联合共建了阿里巴巴商学院，设置4个专业的学士学位。校企合作也产生了新的机会，如设计联合项目、推动创新研究、优化学生的就业安置。建立高校与用人单位之间的协作，获得最新的专业知识，改进课程设计模式，提高教育质量，增加学生就业率，还可以联合设计项目，一起推进创新研究。在中国政府确定的十大重点制造领域中，人才缺口多达3000万，而在这些特定行业中率先开展校企合作有助于解决这一问题。

校企协作培养高端教育师资，持续推进创新产教融合的新机制，促进区域内教育链、人才链与产业链、创新链的有机衔接。更多的行业企业深入介入专业人才的培养，促进企业需求与人才培养的无缝衔接。采用院校、企业和政府三方协同共创的双师型教师团队建设模式，设立适合行业教育发展特点和需求的实训中心和实践教学中心。以院校为中心，在政府及相关部门的领导和布置之下，各级部门充分发挥自身职能作用，出台相关的制度和方针策略，确保实训基地和实践教学中心的顺利搭建，保证院校和企业的高度重视。邀请专业相关的企业参与其中，优先选择本行业内实力强、口碑好的企业，兼顾企业参与的积极性。另外，在与相关企业合作的过程中，时刻关注教师的培养动态和培养效果，把积极性高、责任感强、培养效果好的企业作为校企合作中教师长期培养合作的目标单位，可与其签订教师培养的长期合作协议，共同完成双师型师资队伍的建设。

4.4.4　增强长三角经济核心区产业协同发展

长三角包括上海、江苏、浙江和安徽的41个地级及以上城市，总面积为35.8万平方千米，2019年GDP总量为20.01万亿元，人口总量约2.26亿人。在长三角一体化进程中，需要十分重视促进行业成长壮大的产业协同。

长三角地区的产业同构现象明显，不同城市的产业结构、体量占比、空间布局、关联方式高度相似。如表4.2所示，苏浙沪16个主要城市，有 14 个城市将电子信息制造业作为主导产业,产业同质性竞争极其激烈。如何破解产业同质化的难题,推进重点产业在整个长三角合理布局,是促进产业协同成长壮大的关键。因此,上海加快产业结构调整,每年淘汰劣势产能 1 000 多项,推动龙头企业"走出去",推动长三角产业优化布局,与长三角部分城市建立产业合作园区、发展"飞地经济"。最近几年崛起的 G60 科创走廊,也是在深化产业集群布局、加强基础设施互联互通、推进协同创新、推动品牌园区深度合作和产融结合、推广科创走廊"零距离"综合审批制度改革等方面发力,建成长三角地区具有独特品牌优势的协同融合发展平台。G60 科创走廊是中国经济最具活力、城镇化水平最高的区域之一,将扮演长三角地区更高质量一体化"引擎"的角色,成为区域内"中国制造"迈向"中国创造"的主阵地。

表 4.2　长三角地区经济、人口及部分产业占全国的比重(%)

	土地面积	人口数量	经济总量	造船产量	软件信息	集成电路	汽车整车	生物医药
长三角占全国比重	3.8	17	25	67	33	45	21	30

资料来源:任新建. 未来已来:漫谈长三角一体化发展示范区建设[EB/OL]. [2021-02-14]. https://mp.weixin.qq.com/s?__biz=MzIyODEzNjM4OQ==&mid=2652104304&idx=1&sn=d99269bfbfb519d5a884e9651bfeebaa&chksm=f3b1c2dac4c64bcc5b10fc2ca5f18942689c74c04e3daa73d277e96cc431e87ed53222af24de&mpshare=1&scene=1&srcid=1207Px6MC4LnSDACxbJnqWlL&sharer_sharetime=1575690898037&sharer_shareid=b4017cfbfbb13cbc094bbb3cce31033d&key=922300a6a91c43ccdef0735e2454c010fe7042c037a72625184aac5f85b8e1dd93900f47daa18ff15f76f1b64c63d1a91a562f776908241d6d61bf0ce8b268e775f8e334b9f932d9951f21a0a1746bad&ascene=1&uin=MTE2OTI1MTEyMQ%3D%3D&devicetype=Windows+10&version=62070158&lang=zh_CN&exportkey=AuBGM7Ea%2FzC347HJvmLgts8%3D&pass_ticket=TBlHXN9%2FP9mztQTBO5UAQgKk4EuAK%2F05caI%2BvJaD%2FTO7HX7N2roQn5MpluNTu7Cu.

同时,加快发展一体化产业园区和创新平台,从跨省域的角度来整体思考产业在长三角的优化布局,持续激发长三角的发展活力和产业效率。构建长三角新的产业生态体系,围绕集成电路、人工智能、生物医药等领域,有序推进华为研发中心、上海市西软件信息园、网易上海国际文创科技园、美的上海全球创新园区、长三角绿色智能制造协同创新示范区、长三角中关村集成电路创新港、中新嘉善现代产业园、浙江中荷(嘉善)产业合作园、瑞喆智能产业园等产业园区建设,积极推进精测半导体、优刻得数据中心、上药杏灵科技产业创新、京东智能供应链、立讯智造(浙江)、格科微电子(浙江)、云顶新耀生物医药、阿里巴巴长三角智能计算数据基地项目。

高端教育行业智能化发展更需要产学研合力和产业链分工精细化谋求突破。以教育大数据为例,教育大数据产品的成功研发与应用推广,单靠高校或单个企业的力量是无法完成的,需要企业、高校、科研机构等广泛深度合作,准确把握实际高端教育需求,协同攻克关键技术难关,设计有效的产品应用模式与策略,三方优势互补、有效协同,才能涌现一批优秀的、接地气的教育大数据产品。同时,教育大数据产业链分工更加精细化、服务更加专业化,追求极致是互联网思维的要点之一。为了持续提升教育服务的质量和专业度,教育大数据产业将进一步细化分工,产业链条之间的协同和运作将更加高效、专业,每个环节都将由专门的供应商提供最专业、最优质的服务。由此,教育大数据市场有望出现一批专门从事教育数据采集、数据安全和数据挖掘的优秀本土企业。

4.4.5　孵化和升级长三角高科技产业园区

知识经济时代,发展高新技术产业成为带动地区产业结构升级和提升综合竞争力的重要途径。表4.3总结了国外高科技园区发展的主要经验。

借鉴国外经验,长三角经济核心区需继续形成完善的产学研体系,孵化和升级长三角高科技产业园区,继续推动科研成果的产业化。鼓励自主创新是一个园区进步和经济发展的动力,而实现技术的自主创新则是关键。根据行业技术经济特征和产业组织特点,分类确定科研机构重组方式和产权结构,分层次建立创新体系。作为知识创新源头的大学、科研机构和作为技术创新主体的企业间的深度协作,是高科技园区保持创新活力、实现持续发展的重要保障。同时,加快科技管理体制改革,提高科技投入的配置效率,充分利用现有科技机构进行科技资源重组。

表 4.3　国外高科技园区的发展经验

依托高校	鼓励创新	优惠政策	风险投资
□ 依托高校和研究机构的发展方式 硅谷拥有 8 所大学、9 所专科学院和 33 所技工学校,这些高校与硅谷在业务上密切联系。斯坦福研究园依靠斯坦福大学吸引各种企业机构入园。英国剑桥科技园依托剑桥大学发展。日本技术园区的发展也依托高校和科研机构	□ 鼓励创新的体制和环境是园区企业创新的基础 硅谷的文化最突出的就是创新精神。它的创新文化体现在鼓励尝试、容许失败。在这种宽松的环境下,诞生了许多企业家、发明家和创业者。它的创新不仅包括科学技术,还包括行为模式、思维模式、交往模式等各个层面	□ 国家政府的优惠政策为园区发展提供机遇 美国政府通过立法,建立创业投资基金和完善知识产权保护制度。英国政府出台一系列鼓励中小企业发展、大学与企业共同发展的计划和政策。日本筑波有健全的立法保障和大量优惠政策	□ 风险投资为园区发展注入活力 各园区所在国家及地方政府对风险投资从政策、资金等方面给予大力支持,对园区风险投资发展起到重要的引导作用。风险投资和硅谷地区的发展形成了一种相互促进的良性循环机制

资料来源:前瞻产业研究院. 国际高科技产业园区成功案例解析[EB/OL]. [2021 - 02 - 14]. https://f. qianzhan. com/yuanqu/detail/181212-75fcfaa5. html.

园区的发展离不开政府一系列的优惠政策,各级政府制定税收优惠激励政策,尽量减少对高新技术成果转化和创业资本运作的行政性干预,推动风险投资,建设组织式群体"孵化器",建立并运作创业投资基金,优化企业股权结构。

4.4.6　顺应智能化与大数据等新技术的发展趋势

发挥长三角新技术产业优势,加快新一代信息基础设施建设,加快实施 5G、千兆光纤等新一代信息基础设施跨区域共建共享,推进重点区域 5G 信号全覆盖。协调推进长三角一体化大数据中心节点建设,统筹规划区域互联网数据中心及边缘计算中心布局,加强对人工智能、大数据、智能网联汽车、云计算、物联网、区块链等新一代信息技术的基础支撑和服务能力。高校应加强新技术课程体系和人才建设。以大数据为例,数据人才匮乏是影响大数据产业发展的重要因素。高校承担着大数据专门人才培养的重任,未来将有更多的高校开设大数据课程或者设立相关专业方向;企业也将逐步介入大数据专门人才的培养过程,与高校协同建设更实用、更专业的大数据课程资源,联合培养高素质的数据人才。另外,需不断增强数据安全意识,促进数据走向有序开放,允许企业合理合规运营,提供增值服务。这有助于激活更多的创新因子,多方协同挖掘数据价值,提升数据质量和服务水平。

4.4.7 深化长三角高端教育产业国际化战略

高端教育一体化建设是基于长三角一体化示范区的建设,利用政策协同优势互补,加强国际合作趋势和国际化战略,释放教育红利:一是进一步加强中国的国际战略定位;二是国际教育和科研合作并举;三是创新合作趋势日益凸显;四是以科学技术为合作基础,发展新的多边合作。在国际化战略中,政府需高度重视教育与研究的合作,积极出台政策措施,保障教育与研究合作的稳定和不断增长的资金投入。同时,在"联网与创新"的指导原则下制定国际化战略的重点目标和行动:一是保持并提高科学与研究系统的卓越性;二是提升国际创新能力;三是发展国际职业培训和资格培训;四是与工业化国家和发展中国家加强合作;五是加强国际合作,共同应对全球挑战。

第5章

长三角经济核心区高端国际
教育中心建设的政策建议

2019年12月,中共中央、国务院印发《长江三角洲区域一体化发展规划纲要》(简称《长三角规划纲要》),为长三角更高质量一体化发展绘就了蓝图。《长三角规划纲要》中,长三角的战略定位有以下5个方面:全国发展强劲活跃增长极;高质量发展样板区;率先基本实现现代化引领区;区域一体化发展示范区;新时代改革开放新高地。长三角的近期发展目标主要有以下6个方面:城乡区域协调发展格局基本形成;科创产业融合发展体系基本建立;基础设施互联互通基本实现;生态环境共保联治能力显著提升;公共服务便利共享水平明显提高;一体化体制机制更加有效。

从长三角的战略定位和发展目标,可以看到:

第一,区域内聚焦相似的近期发展目标。长三角地区的发展目标总体上都集中在区域协调、科技创新、基础设施、生态环境、改革开放等方面,对于发展的预期目标高度一致。

第二,区域内明确了实现规划目标的同一时间节点。对于长三角"成为具有全球影响力和带动力的强劲活跃增长极"的规划目标,明确在2035年实现,这个时间节点正符合党的十九大提出的基本实现社会主义现代化的战略安排。

《中国教育现代化2035》加快布局,对标国家区域发展总体战略,谋划了以"四点一线一面"(雄安新区、粤港澳大湾区、长三角经济带、海南自贸试验区和"一带一路"以及中西部地区)为重点的战略布局,长三角教育一体化立足于整体牵引。长三角区域高端教育总体水平较高,教育综合实力整体处于国家的"腰身"地位,是实现中国教育现代化的中坚力量。一直以来,长三角地区积极谋划教育互动,在高等教育、职业教育等高端教育层面建立了较好的协同合作体制。长三角区域教育特色鲜明、创新能力强,既有推进教育一体化的现实基础,又有实施教育一体化跨区域协作的基础平台。通过建设高端国际教育中心,推动长三角教育一体化发展,将对国家区域发展总体战略起到重要的示范作用。

一是肩负着国家使命。长三角要对标全球最高标准、最好水平,代表国家参与全球竞争,推动形成世界高端教育新格局,努力成为全球重要教育创新策源地,构筑高端服务业协同经济发展的新优势。

二是率先践行新发展理念。长三角要深入践行高端、创新、协调、开放、共享的教育新发展理念,率先打造高质量发展典范、建设高品质的教育中心示范区。

三是发挥更大的辐射带动作用。长三角要引领长江经济带发展,辐射周边地区,促进中上游地区有序发展教育产业,使长江经济带成为推动我国区域协调发展的示范带。

5.1 长三角经济核心区高端国际教育建设的政策建议

推动长江经济带发展是党中央、国务院的重大战略部署。同时,《中国教育现代化 2035》加快布局,对标国家区域发展总体战略。长三角地区的经济和教育实力强,发展相对均衡,体系结构具有协调、互补、合作等特点。以长三角经济核心区高端国际教育为龙头,横贯中西部地区、辐射全国。长三角经济核心区高端教育建设,通过区域内的互动,将对国家区域发展总体战略起到重要的示范作用。

长三角地区高端教育首先应做好本地区的一流体系建设,注重借鉴发达国家的成功经验,以支撑经济发展和社会和谐为方向,率先实现省域高端教育一体化。同时,加强合作解决区域共性问题,加强对长江流域和周边省份的辐射,扩大效益外溢作用。为此,提出以下 8 个方面建议。

5.1.1　政府出台相应的指导意见并形成协调推进机制

党的十八大以来,先后提出"一带一路"倡议、长江经济带战略、京津冀协同发展、粤港澳大湾区建设,可谓是内外结合、遥相呼应、亮点纷呈。当下,长三角作为全球第六大世界级城市群,经济总量占全国 1/4,有条件发展形成新的增长点和增长极。长三角区域高端教育总体水平较高,是实现中国教育现代化的中坚力量。为配合长三角地区日益凸显的经济一体化趋势,抓住机遇快速构建长三角经济核心区高端教育中心已成为当务之急。因此,希望政府发布相应的指导意见,成立长三角高端国际教育发展领导小组及办公室,统一指导和统筹协调战略的实施,协调跨地区跨部门的重大事项,督促检查重要工作的落实情况等。此外,也建议设立长三角经济核心区高端教育中心发展基金。

5.1.2　加快建设和完善长三角经济核心区高端国际教育中心发展平台

借鉴国外高端教育中心的成功经验,探索适合我国国情的高端教育中心建设道路。依托"一带一路"倡议和上海自贸区的政策优势,加大国际合作与交流,在高端国际教育模式的选择、教育制度的改革以及资源整合与配置等方面积极尝试,改变目前相对集中和单一的教育模式,满足多样化的教育需求,同时也符合区域的产业转型。加快长三角经济核心区高端国际教育中心平台建设,借助上海的优势,在完善教育制度的基础上,积极拓展高端国际教育中心的完整产业链条,通过创新体制机制,实现区域内教育资源的合理性流动。优化区域教育生态,通过教育领域"放管服"改革,进一步完善教育治理机制,促进教育要素与禀赋的有效互通。长三角经济核心区高端国际教育中心还需要创新教育经费的筹措机制,激发区域教育的市场活力,提高区域内教育经费中非财政性经费投入比例;协同发展长三角地区,依托区域内高水平大学和科研院所,形成高校集群,通过深度关联科创企业,探索建立全信息、链条化、开放式的校企一体化科创联盟,探索国家资源投入、承担重要社会职能企业的创新性机制,在关键技术和领域上形成科创核心竞争力,丰富教育相关产业的参与度,将本区域的高端国际教育平台打造为具有国际知名度和竞争力的高质量教育中心。

5.1.3 建立健全高端教育质量保障体系与机制

在教育发展理念的变革和高端教育全球化发展战略下,高端教育质量保障是高端教育一体化推进的重要举措,可以分两步走。第一步,建议仿效欧洲经验,针对质量保障活动制定统一的参考框架和标准,能极大推动高端教育质量活动的开展,并成为高端教育中心质量保障的基石;同时,成立长三角高端教育质量保障协会、学生事务办公室和第三方评价机构,提高透明度和流动性,实施科研质量保障框架、教学质量保障框架、学生满意度调查等,督促、确保和改善高校相关教育机构提高教育教学质量,进一步加强对教育质量的问责,并以相关结果作为提高学费标准的依据。第二步,指导高校和相关教育机构建立内部教育质量监测和管控制度,建立高端教育内部质量管理框架,紧紧围绕"学生理论认知能力和职业核心能力"这一核心要素,从能力的确定、筛选、提升和评估等方面入手,全面提升长三角各地高端教育的质量。

5.1.4 建立高端教育分层架构、分类发展和多元化的评价体系

针对高端教育领域中大学和教育机构自主性发展不足的问题,对各类大学和机构的发展作重新定位,根据类别对其开展相应的评价,同时加强评价结果与财政拨款之间的联系,增加评价结果的透明性。由此,大学和机构会更重视教育质量,并为此加大改革力度。建议将长三角地区的大学和教育机构分为三类:一是世界水平的研究型大学;二是面向特定领域的应用型大学和教育机构;三是区域性大学和教育机构。三类高端教育各自定位明确,扬长避短,培养不同的人才。

世界水平的研究型大学着重构筑世界一流的特色学科群。根据长

三角已有的学科基础和产业优势,重点打造一批世界一流的学科群,形成区域教育发展特色优势,建设新型产学研融合的核心。面向特定领域的应用型大学和教育机构着重形成遍及各领域的人才核心体系,为区域发展提供应用型动力,这也是科创事业的基础。在发展科创教育的同时,发展新时代职业教育,为区域发展提供优质工匠,为区域全行业输送优质蓝领人才。区域性大学与教育机构应与所在区域加强合作,扩大大学的社会服务功能,多为区域发展作贡献,同时增强自身实力。

高端教育分类发展,建立与高端教育发展层次相适应的质量评价制度。构建多维度评价体系,加强对长三角区域教育高质量发展的定期评估。围绕长三角地区的教育高质量发展、区域一体化发展,通过对长三角区域教育的定期评估,形成对发展质量的动态观察和研判,包括政府评价、高校自评和第三方评价在内的形式多样、主体多元的复杂而综合的质量保障评价体系,这将成为长三角经济核心区高端教育中心内部相互交流、相互促进的基础。

5.1.5　鼓励和促进校企合作、校地合作与地地协作

进一步鼓励和促进校企合作、校地合作与地地协作,创新产学研模式,政府主导协同创新,提升长三角高端教育发展的综合效力,由政府、高校、企业和社会力量合作,为长三角地区培养具有国际化视野的高端复合型人才,建设新型高端国际教育中心形态。以国家高等教育重大战略"双一流"建设为契机,集中优势资源,辐射其他教育领域,推动长三角区域的协同发展。

如何抓住"双一流"建设的契机?①合理调整长三角高端教育布局,在上海、江苏高端教育强地区的引领下,有计划地对教育薄弱环节进行资源再配置;②统筹长三角地区教育资源的协同创新,创新体制机制,尽快形成区域内的高端教育资源双向流通;③形成区域教育资源合力,发挥"双一流"高校各自办学优势,逐步实现错位竞争和发展,形成经济发展的最大公约数;④发挥"双一流"高校的科创动力,助推区域新型产学研形式,努力实现技术创新。

5.1.6 促进高端教育产业联动与跨界融合发展

积极培育各类高端教育相关产业参与主体,通过"高端教育＋"带动其他产业产值增加,助力高端服务业成功转型。教育既是推动社会进步的基础性事业,也是推动经济发展的重要产业。更重要的是,教育对其他相关产业具有后向关联效应,即教育的发展会对相关产业产生消费,从而促进相关产业的增长。因此,在长三角经济核心区建设高质量的高端国际教育中心过程中,需积极培育各类高端教育相关产业的参与主体,深化产业联动与跨界合作,在产业链上联结教育主体、企业、中介、研究机构、政府和用户,在长三角区域范围内形成产业集群。高等院校和教育机构是知识创新的起点,企业是技术创新的载体,配套科学技术型产业的金融和管理等中介服务发挥着平台的作用,把发展与创新所需的要素整合在一个完整的体系内。政府通过地方联盟、区域层面的权力机构、各专业性的专委会组织等在区域合作中形成催化作用。通过互联网大数据可以使产业信息在科学研究、工程实施、产品开发、生产制造和市场销售之间进行反馈,从而在区域内建立起创新与生产、市场、消费者之间的高效融通体系,通过资源整合和优化配置,带动产业产值增加,缓冲经济转型所带来的负面冲击,助力长三角区域经济的稳步发展。

5.1.7 构建基于互联网大数据高端教育平台的"长三角教育创新带"

长三角各地方政府主体共同设立"高端教育科教局",形成新型资源配置的要素核心。要素配置由"高端教育科教局"总体协调,坚持社会与政府之间双向互动,推动教育要素区域内自由流动,建构统一的教育标准,探索体制创新。教育要素与资源在区域间自由流通,通过互联网大数据助力各类同质化的资源整合与优化,形成"长三角教育创新带",是新时代教育的重要呈现形式,打造专业服务的领先者,进一步将上海、江苏、浙江、安徽及周边地区发展成为全国乃至全球领先的高端国际教育资源配置中心。长三角作为中国经济最为活跃的区域之一,在区域一体化的大背景下,构建"长三角教育创新带"有利于整合长三角区域的教育资源,进行面向创新和未来的教育规划。在构建"长三角教育创新带"的基础上,着力发挥上海教育的引领作用,并推动南京都市圈、杭州都市圈、合肥都市圈、苏锡常都市圈、宁波都市圈的教育元素创新式融合发展。通过统一规则、联合发展、创新体系、互通信息等方式推进建立"长三角教育创新带",逐步破除长三角区域壁垒,激发教育资源的活力,实现教育要素的自由流通,鼓励教育创新,引领区域高端国际教育向纵深发展。

5.1.8 构建独特的高端教育文化精神体系

以服务人类、培养领导者和创新者为宗旨,让师生始终有崇高的荣誉感和自豪感,强调不断追求科学、工学、医疗和商业等领域的教育和科研卓越,造福社会,并激发其科研创新潜力,形成独特的价值观和高端教育文化精神体系,同时注意维护师生权益,促进师生认同高端教育的价值观,使文化成为地区和教育的灵魂。

自现代大学和高端教育产生以来,开放性和国际性就成为教育文化的一部分,与所在地区融为一体,国际化比例、经费来源的国际化程度等都体现出明显的国际化特征,这能促进多元文化交流与互鉴,产生新的思想和文化,发挥高端教育在缩小差距、促进就业和阶层流动方面的基础性作用,并获得所在地区的理解和支持。在高端教育发展战略中体现基础战略、人的战略、合作伙伴战略、协作者战略四大重点。在政府层面坚持充足的经费保障,提出融教学与科研于一体的研究型教学理念,鼓励踏实的教学科研氛围,不浮躁、不随波逐流。通过多元文化的交融,形成一种新型的、充满生机和活力的创新区域文化,形成独特的长三角模式,推动长三角地区经济社会的高速发展。

5.2 长三角经济核心区高端国际教育一体化的政策建议

在长三角一体化发展上升为国家战略的大背景下,推动长三角教育一体化发展,既是长三角教育更高质量发展的客观要求,也是教育更高程度发展的重大机遇,长三角地区进入教育合作与联动阶段。但在教育深层次合作上,依然存在难以突破的瓶颈问题。为此,需以体制机制建设破解长三角教育一体化难题,实现长三角地区教育一体化的高质量发展。体制机制是长三角教育一体化的行动遵循,也是有力支撑。解决教育一体化发展的困境,需要加快两省一市政府合作步伐,以体制机制建设破除发展与合作的难题。为此,提出以下 6 个方面的建议。

5.2.1　长三角各省市联合设计高端教育区域协同发展总体战略

应当明确长三角高端教育一体化的核心问题是区域协同发展,长三角地区高端教育协调发展的目标是培养具有国际化视野的高端复合型人才,最终服务社会,提升区域的国际综合竞争力。长三角各级地方政府及教育机构要从战略的高度进行全方位、整体化、系统化的顶层设计,并依据长三角地区高端国际教育一体化发展阶段特征分别制定地区教育协调发展的近期目标和长远目标。

5.2.2　明确上海作为高端教育"龙头"的地位和提升"上海服务"品牌

上海在国际教育中心建设方面已初具规模,也是深受国际人士喜欢的中国城市,应该在长三角地区内明确上海是长三角高端国际教育"龙头"的共识,减少长三角城市群在"高端教育中心"定位上的无序竞争。上海要制定更开放的高端教育国际化发展战略,利用其区位优势、经济优势和资源优势,充分发挥其作为金融中心的集聚效应和辐射作用,形成具有鲜明特色和比较优势的高端国际教育中心。上海在发展高端教育的基础上,应努力构建结构优化、服务优质、布局合理、融合共享的现代服务业体系,提升"上海服务"品牌影响力,进一步发挥服务业在经济转型升级中的主导作用,进一步巩固长三角在全国服务业发展中的优势地位,进一步增强现代服务业的国际综合竞争力。

5.2.3 加强顶层设计,健全区域利益协调机制

政府行为的最终目的是辖区内人民利益的最大化。长三角地区不同行政区划,由于所服务的对象不同,在规章制度的制定和利益的维护方面不可避免存在不一致甚至矛盾的地方,要实现地区协同发展,从顶层设计层面健全区域行政协调机制尤为重要。长三角区域教育一体化的重要前提,是教育资源的供给和需求,这个过程必然伴随成本的支付和利益的获取,这就需要区域各政府间相互磋商,通过制度一体化设计,保障教育要素合理流动。

5.2.4 线上线下双动力,完善长三角地区高端教育共享机制

信息技术的发展,突破了空间和时间的限制,明显改变了教育领域学习和交流的方式,资源获取更加便捷。教育一体化发展,可以通过互联网"线上+线下"教育新业态,实现信息公开共享,对长三角地区优质教育资源进行进一步的科学整合,从而实现最大限度地开发和使用。首先,通过线上共享和线下互联,打通长三角地区现有学科的共享渠道。就线上资源来讲,可以共享精品课程,共享一些重点学科的课堂教学,对本校缺乏或者薄弱的课程,可通过网上共享课程弥补,并且承认学分。线上结合线下,长三角地区各高校可以考虑以联合办学的方式,派学生到学科优势的高校修这一学科的学分,并且实行学分互认,以保证长三角区域人才培养的学科优势。其次,线上线下合力,加强学科建设工作。从学科建设的角度,通过线上线下结合的方式,进行先进理念和做法的交流,在长三角区域内保证信息的畅通和共享,从而为薄弱学科的改进提供好的经验借鉴,为长三角地区学科质量的整体提高提供智力支持和信息支撑。

5.2.5 科学搭建高端教育中心建设平台,实现教育资源的最优配置

如何在长三角地区实现教师资源的最优配置?首先,构建长三角网络师资库。信息对称理论认为,信息均衡是实现帕累托最优的必要条

件。在长三角一体化进程中,要充分发挥师资价值,前提之一就是对师资整体情况有一个全面清楚地把握,可借助网络平台构建长三角地区师资库,并根据师资成长和岗位变化等情况实现师资库的动态调整。其次,实现长三角地区师资的柔性流动。所谓师资的柔性流动,是指老师在不改变与原单位隶属关系的前提下,以双向选择为原则,到有需求的单位工作或开展学科指导。柔性流动摆脱了户籍、编制等的束缚,是最大限度发挥人才价值的有效途径。师资柔性流动可以采取短期合约方式,也可以采取瞬态流动方式,根据实际情况,灵活调整。最后,加强对长三角地区教师的培训。培训是实现长三角地区师资整体能力和素质提升的必要途径,既可搭建人才培养基地、依托教育集团进行培训,也可以实行对在职师资的联合培养。

5.2.6　营造长三角高端教育一体化的优质配套环境

一体化的最终目的是增强民众获得感,民众也只有通过一体化增强获得感,才能更加主动支持参与一体化进程。长三角坚持以人民为中心的发展思想,努力使一体化发展成果更公平地惠及群众,从而吸引高端人才的净流入。因此,提升公共服务的便利与共享,强调基本公共服务标准化,营造长三角高端教育一体化的优质配套环境。从就业、税收、健康、交通、旅游、文化、体育、保障、养老等方面,全面谋划公共服务的跨区域合作共享和互联互通,并且明确若干具体的措施,开展基本公共服务保障区域协作联动,建立健全基本公共服务标准体系。

总之,长三角高端国际教育一体化是经济社会发展的客观需要,也是长三角地区持续迸发活力的战略举措。新时期,要持续有效推进长三角区域一体化发展,加强顶层设计、学科融合和师资互动等方面的体制机制设计,有效发挥政府在一体化进程中的主导作用,将成为破除长三角教育一体化发展难题的有效举措。

第 6 章

建设长三角经济核心区高端
国际金融教育的实践探索

当今世界的综合国力竞争,说到底是人才竞争。人才越来越成为推动经济社会发展的战略性资源,教育的基础性、先导性、全局性地位和作用更加突显。"两个一百年"奋斗目标的实现、中华民族伟大复兴的中国梦的实现,归根到底靠人才、靠教育。党的十九大以来,我国坚持把教育摆在优先发展的战略地位,党中央多次对教育发展和改革事业进行指示和部署,特别是发展具有中国特色的世界水平现代高端教育,以学科为基础的"双一流"建设作为优先发展教育事业的重要内容,是党和国家在中国特色社会主义进入新时代的关键时期对高等教育提出的新要求。

高等教育院校作为给企业和社会直接输送高层次人才的源泉,对于专业学生的培养至关重要。随着长三角一体化加速推进,金融将成为激活内外双循环的动力源。本章以金融大类专业教育作为长三角经济核心区高端国际教育的实践探索,分析如何通过高水平的高端国际教育,培养面向金融管理行业发展与职业需求,具有良好职业道德、掌握扎实的金融财会管理理论与实践的国际化高水平人才。

6.1 长三角经济核心区金融发展现状

长三角金融业无论在总量上还是在增量上都稳居全国首位。上海作为长三角经济核心区的中心,金融业各项发展指标均占长三角的20%～40%,凭借其强大的集聚和辐射效应,带动长三角金融业蓬勃发展。此外,浙江、江苏也都形成了金融特色产业,与上海形成差异化发展的格局,长三角金融"一超多强"的局面已然形成。

在长三角加速一体化发展的时代背景下,上海陆家嘴金融城发展局于2020年8月发布《2020年长三角金融发展研究报告(白皮书)》,对长三角29个核心城市的金融发展情况、金融创新特点、科创板上市情况进行总结和梳理。

截至2019年底,长三角全部城市金融业增加值占GDP比重的均值首超7%,反映金融业已经成为长三角区域的重点行业。长三角金融业在总量和增量上都超过京津冀和珠三角地区,行业重要性日益凸显。

根据长三角各城市在金融业增加值、银行业、保险业、资本市场服务、金融人才发展、金融创新水平等各细分领域的发展情况,评选出2019年长三角地区金融发展水平排名前10的城市(见表6.1),上海金融"龙头"的地位显著,在金融开放创新、金融科技、自贸区金融等方面持续发挥区域金融引领带动作用,浙江在科技金融领域成果较为丰富,江苏积极运用新兴信息技术改造传统金融、重塑金融流程成效明显,南京与杭州各具特色,总体不分伯仲,宁波的排名较2018年略有上升。

表6.1　2019年长三角地区金融发展水平排名前10城市

排名	城市	金融业总体水平	银行业发展水平	资本市场服务水平	保险业发展水平	金融从业竞争力	金融创新发展水平	总分数
1	上海	92.5	94.6	91.5	89.7	89.6	93.2	91.9
2	南京	87.4	80.5	77.7	86.9	79.9	83.6	82.9
3	杭州	77.3	88.4	87.8	83.8	87.1	63.9	82.5
4	苏州	81.7	75.5	78.8	73.1	82.5	63.9	76.4
5	宁波	58.7	65.8	73.5	58.7	81.8	80.4	67.6
6	合肥	66.7	60.2	59.1	69.5	63.2	57.3	63.1

（续表）

排名	城市	金融业总体水平	银行业发展水平	资本市场服务水平	保险业发展水平	金融从业竞争力	金融创新发展水平	总分数
7	无锡	67.6	59.1	69.2	65.6	55.6	50.8	62.9
8	温州	57.5	55.3	49.6	64.2	64.4	87.0	60.4
9	南通	60.2	54.8	52.9	61.3	54.1	70.5	58.3
10	常州	57.6	49.3	56.7	67.4	63.3	50.8	57.6

资料来源：赵永超.《2020 年长三角金融发展研究报告（白皮书）》正式发布［EB/OL］. ［2021－01－25］. https://www.sohu.com/a/415428611_748530.

金融业服务实体经济、服务长三角、服务全国一刻也不曾停歇。值得注意的是，2019—2020 年长三角金融创新趋势出现分化（见图 6.1）。市区两级政府、监管部门对金融创新的重视程度明显提高，金融市场本身和金融机构的金融创新受 2020 年全球新冠疫情的影响有所下降，科创板进一步提升了各地的科创水平，成为长三角提升科创产业能级的重要平台。截至 2021 年春节，已有 229 家企业在科创板挂牌上市，总市值

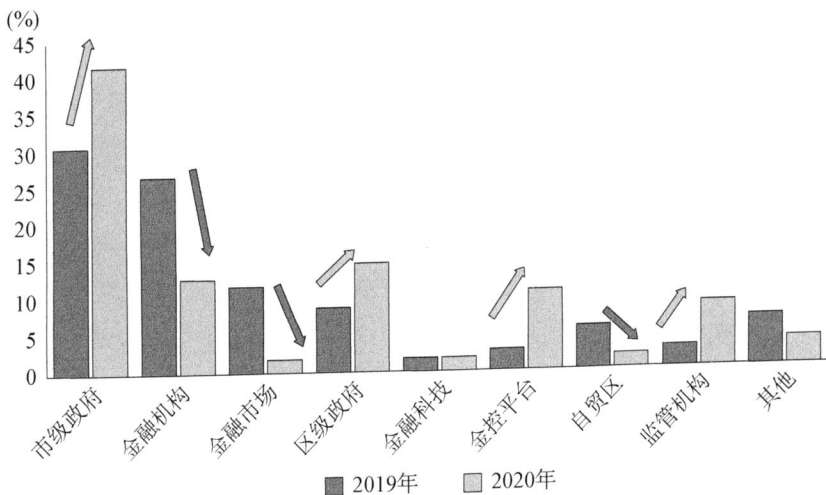

图 6.1　2019—2020 年长三角金融创新

资料来源：赵永超.《2020 年长三角金融发展研究报告（白皮书）》正式发布［EB/OL］. ［2021－01－25］. https://www.sohu.com/a/415428611_748530.

超过 3.4 万亿元人民币,平均市盈率 91.89 倍,为集成电路、生物医药、互联网科技等硬核产业融资汇聚源头活水。其中上海、苏州、杭州三市占长三角科创板企业数量超过七成,企业市值份额占比超过八成,毋庸置疑地成为长三角科创"引擎"。

2019 年 8 月,央行印发《金融科技(FinTech)发展规划(2019—2021年)》,这是我国金融科技领域第一份科学、全面的规划,明确了一段时间内金融科技工作的指导思想。在"双循环"新发展格局下,无论是传统金融机构还是金融科技公司,都开始加大发展步伐,完善技术,明确业务模式和发展方向。目前,普惠金融、特色金融成为长三角金融创新主流领域,金融科技成为引领并赋能创新、革新和重塑金融模式的重要驱动力(见图 6.2)。一方面,金融业务拉动技术创新。新冠疫情深刻地改变了金融向数字世界的迁移,非接触金融、智能化金融、金融科技强监管成为业务发展长期趋势,是未来金融科技创新的着力点。另一方面,技术创新引领业务发展。当下科技对于金融的促进不再局限于渠道等浅层次,而是开启了"金融 + 科技"的深层次融合。金融机构主动拥抱云化、分布式、微服务等新技术,深化大数据、人工智能、区块链等技术的应用,以技术创新带动业务创新,不仅改变了金融渠道、获客等前端环节,也在驱动产品设计、风控、合规等中后台领域形成变革。金融是目标,科技是手段,充分发挥业务推动技术和技术引领业务的双重作用,使得金融价值得到全面提升。

作为长三角金融发展沃土的上海,良好的金融生态和营商环境、完善的要素市场、健全的产业链、高素质的人才队伍、优质的政府服务,吸引了大量金融机构入驻。近年来已大力培育和引进了一批优秀的金融科技企业,为金融科技产业的集聚起到了示范效应。2020 年 2 月,中国人民银行、银保监会、证监会、外汇管理局、上海市政府联合发布了《关于进一步加快推进上海国际金融中心建设和金融支持长三角一体化发展的意见》,同时上海出台了《加快推进上海国际金融中心核心承载区建设的若干举措》,以陆家嘴金融城、张江科学城"双城辉映",卡园、软件园和信息园"三园融合"为载体,打造上海金融科技中心核心承载区。

2019年

2020年

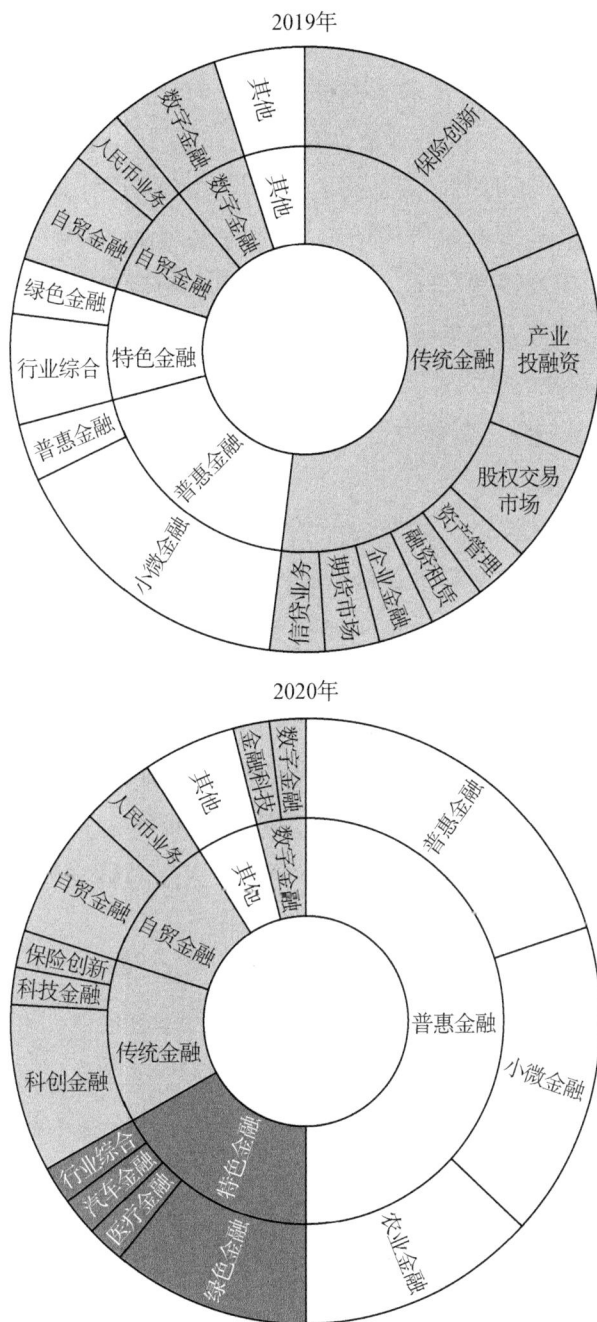

图 6.2　长三角金融创新重点

以陆家嘴为例，建立了陆家嘴金融科技产业园，成立了陆家嘴金融科技协会，以政府支持、平台主导、企业主体的模式，打造金融科技孵化器和加速器。其高集聚度的金融机构和交易所等金融基础设施是金融科技行业发展的肥沃土壤，目前已有重点金融科技企业50余家。比如，外汇交易中心下属的中汇信息技术公司，建设银行、中国银行设立的金融科技子公司，外资金融机构瑞银、摩根士丹利、盛宝银行等旗下的金融科技公司，以及银联、华软科技、万得资讯等金融科技公司，通过政府引导和示范，充分发挥市场主体的主观能动性，联合业界共同扶持和推动金融科技行业健康发展。在集聚大量金融要素和金融机构的基础上，上海国际金融中心不断释放出金融开放创新活力和金融配置资源的巨大能量。

"中国金融科技引领城市"的称号，杭州当之无愧。2019年10月，第三届钱塘江论坛发布了2019年全球金融科技产业40城（Top 40 Global FinTech Cities by Industry），聚焦城市中的金融科技上市企业及累计融资5 000万美元以上的头部企业，涵盖遍布全球六大洲的70多座城市。全球金融科技产业40城已形成"8＋32"格局。在第一梯队8个城市中，中国占据4席（北京、上海、杭州、深圳），杭州排名第6，紧随伦敦，排在深圳前面。不仅如此，杭州在金融科技企业融资总额、均值等方面均位列全球第一，杭州还跻身全球七大金融科技中心城市，在用户体验榜单中排第一位。

杭州在金融科技领域能取得如此成绩，和阿里巴巴产生的积聚效应、市场需求以及政府规划推动密切相关。阿里巴巴的入驻，引发的行业积聚效应十分明显，同花顺、连连支付、PingPong金融、挖财网等一批细分领域的金融科技公司在杭州涌现，由金融科技、私募股权和创业投资、普惠金融等产业构成的杭州金融科技生态初步形成。产业集聚能最大限度地降低企业发展成本，创建良好的营商环境，同时也带来了金融人才。目前，杭州市金融人才集聚程度居全国第四。除了龙头企业的积聚效应外，背后更多的是市场需求拉动和政府打造营商环境的助力。在国家工商联发布的"中国民营企业500强"榜单上，浙江连续19年上榜企业家人数位居第一,是民营经济发展的天堂,而民营企业是对效率最敏感的主体,激烈的市场竞争让它们对创新有着本能的渴求。杭州作为浙江省的省会,加上以阿里巴巴为代表的互联网技术支持,金融科技在杭州的发展水到渠成。另一个直接的推动力就是政府的行政支持。杭州金融产业的定位是长三角南部的区域金融中心,为此,2019 年 5 月杭州市政府出台《杭州国际金融科技中心建设专项规划》等政策,发展金融科技的决心昭然若揭。

保险是长三角金融创新活跃度最高的领域之一,其中江苏省是保险大省。2019 年江苏省实现保费收入 3 750 亿元,位居全国第二,同比增长 13.1%,高于全国平均增速 0.9 个百分点,保险密度为 4 647 元/人,保险深度为 4%。其中,财产险保费收入 940.9 亿元,同比增长 9.6%;人身险保费收入 2 809.3 亿元,同比增长 14.3%。江苏省保险业规模实现高速增长,机构经营质量持续向好。

江苏的保险创新远不止如此,环境污染责任保险、电梯责任险、生猪价格指数保险等创新产品覆盖经济发展各个环节。值得一提的是,部分创新产品还形成了特色模式,在全国各地推广,如环境污染责任保险"无锡模式"、大病保险"太仓模式"、新农合"江阴模式"以及农险"联办共保"模式等。以环境污染责任保险"无锡模式"为例,在环保部公布的 22 个省份环责险的 4 556 家投保企业名单中,江苏投保企业数量占一半以上,位列全国第一,推动环责险地方强制保险,无锡正在探索全国第一个地方立法开展环责险。

长三角金融一体化未来几年将进入关键阶段,金融将成为激活长三角内外双循环的动力源,注册制将进一步释放资本市场改革红利,金融的融合发展有望进一步加强。杭州的金融科技和江苏的保险产品创新,只是一个开始。展望未来,长三角区域有望形成以陆家嘴金融城为门户型枢纽、区域级金融中心城市为依托、若干功能性金融节点为补充的全新区域一体化金融格局。

人才是推动经济发展最有力的要素,对金融产业尤其如此。据 2019 年 11 月特许金融分析师协会(Chartered Financial Analyst Institute)与浦东国际金融交流中心联合撰写并发布的《2019 中国长三角金融人才白皮书》显示,中国金融行业人才总量逐年增加,内地的核心职能投资管理人才接近 15 万人,占全球的 10%。金融人才总量上去了,但高端人才稀缺依旧没能改善。数据显示,地区核心职能金融从业人员占该地区金融行业从业总人数的比重,中国长三角为 2%,而美国、英国为 6%～8%。相比之下,长三角地区的高端金融人才还远远不够。

可见,目前长三角金融一体化尚处于初级阶段。集中表现在:各地金融政策缺乏协同,还没有形成主动进行金融政策"同频共振"的理念;长三角金融行业协同缺乏有效的机制保障,还没有在促进区域金融行业发展方面形成相关平台机制;长三角各城市还没有形成围绕核心金融城市的金融功能布局和衔接体系;长三角各地区在金融差异化布局、协调性发展等方面尚处于探索阶段,还没有形成金融要素协同的链接机制;长三角地区在金融人才、金融机构、金融市场等重要的金融要素协同发展方面还需要进一步加大协调力度,特别是高端国际金融人才的培养、输送和可持续发展。

6.2 发展高端国际金融教育体系面临的挑战

众所周知,在社会经济的发展过程中,工商管理起着重要的促进作用。工商管理具有很强的专业应用性,依据经济学、金融学和会计学等基本理论,通过运用现代管理的方法和手段来进行有效的企业管理和经营决策,保证企业的生存和发展。其中,最重要的管理活动就是企业的金融管理和财务管理,它是根据财经法律制度,按照财务管理的原则,组织企业的金融活动,在合适的时候融资和投资,处理财务关系,是企业生存和发展至关重要的经济管理工作。而金融和财务管理的高效实施和发展,关键在于高水平的商学院为金融管理培养与输送高端人才。

对比国际顶尖商学院发展的历史,新时期国内工商管理高等教育体系的改善与发展面临着良好的机遇,但仍有诸多不足,面临着如下挑战。

6.2.1 国内商科教育缺乏针对学院学科的细致、有效、系统的国际权威认证标准体系与评估方法

目前,国内的高等教育评估体系是以中国大学综合竞争力评价指标体系(本科院校)为代表的校级评估体系,该体系由中国科学评价研究中心、中国科教评价网和武汉大学中国教育质量评价中心联合发布,主要针对高等院校的办学资源(包括设施基本条件、教师队伍和优势学科)、教学水平(包括生源与毕业生、研究生与留学生比例以及教学成果)、科学研究(包括科研队伍与基地、科研产出、成果质量以及科研项目与经费)和学校声誉(包括学术声誉和社会声誉)四大方面进行校级层面的综合评价。该指标体系有一定科学性与参考价值,但该指标的定位较为宏观,无法针对商学院层级以及学科和专业水平进行标准认证与评估,也没有针对评价指标体系的闭环持续改进机制。

6.2.2 国内商科教育发展速度慢、资源利用差、国际化程度低

金融行业对经济的增长和繁荣至关重要,当今快速变化的世界需要更具远见的金融财会管理全才。然而,现今国内高校的商科教育,包括其中非常重要的金融和财务管理专业教育,程式化严重,重理论轻实践,与实际行业的发展有一定程度的脱节,发展和改善的速度慢。其次高校的资源利用效率普遍较低,对高校、学院和学科的发展极为不利。此外,现今国内高校的商科教育大多打着国际化的旗号,而教书育人的实质并未体现出国际化,有形无实,特别是非教育部直属的地方性高校。

世界瞬息万变,与时俱进的国际专业认证体系,从金融专业、战略商业管理到前瞻的数据分析、金融科技,将站在时代前沿。因此,引入国际权威认证有利于推动长三角经济核心区国际高端财经教育高速发展,以行业的国际领先理念、专业精神和市场高度,帮助中国的金融财会界在国际舞台上发挥更加重要的作用。国际权威认证也提供了一个极佳的与全球精英交流和自我发展的平台,引领金融行业变革,帮助专业人士应对各种新的挑战并在快速变化的环境中不断成长,助力长三角经济

核心区高端金融教育国际化发展。

6.3 高端国际金融财会专业认证体系

6.3.1 国际商学院认证体系

针对全球商学院的高质量评价体系有三个，分别是：国际商学院协会（The Association to Advance Collegiate Schools of Business，AACSB）认证体系、欧洲质量改进体系（European Quality Improvement System，EQUIS）、英国工商管理硕士协会（The Association of MBAs，AMBA）认证体系。其中，AACSB 是公认最权威的商学院认证体系。

AACSB 成立于 1916 年，是国际工商管理和会计学专业学位项目的首要认证机构，发起成员是世界顶级高校，包括哈佛大学、哥伦比亚大学、康奈尔大学、宾夕法尼亚大学、耶鲁大学、威斯康星大学等。AACSB 认证代表着全世界商学院的最高成就，商学院必须通过严格和全面的评估取得 AACSB 的认证资格，这意味着对商学院教育质量和发展前景的肯定，目前全球仅有不到 5% 的商学院通过了该认证。因此，取得 AACSB 认证资格已成为优秀商学院的重要标志。

以美国的商学院为例，2022 年最新 US News 美国商学院排名中，斯坦福大学与宾夕法尼亚大学沃顿商学院并列第一，芝加哥大学布斯商学院与西北大学凯洛格商学院居第三、第四位，如表 6.2 所示，全美排名前 100 位的商学院全部为 AACSB 认证成员。很多美国公司，特别是全球 500 强的大型跨国企业，招聘时都会明确规定，只招 AACSB 认证商学院的毕业生。

表 6.2　2022 年 US News 美国最佳商学院 top100 排名表（部分）

排名	院校名称	是否为 AACSB 认证商学院
并列第 1	斯坦福大学	是
并列第 1	宾夕法尼亚大学沃顿商学院	是

（续表）

排名	院校名称	是否为 AACSB 认证商学院
第 3	芝加哥大学布斯商学院	是
第 4	西北大学凯洛格商学院	是
并列第 5	哈佛大学	是
并列第 5	麻省理工学院斯隆商学院	是
并列第 7	哥伦比亚大学	是
并列第 7	加州大学伯克利分校哈斯学院	是
第 9	耶鲁大学	是
并列第 10	达特茅斯大学塔克商学院	是
并列第 10	纽约大学斯特恩商学院	是

资料来源：https://www.usnews.com/best-graduate-schools/top-business-schools/mba-rankings。

　　AACSB 官方网站发布的数据显示，目前来自 58 个国家和地区的 901 家会员机构已通过 AACSB 认证，其中超过半数的教育机构会员来自美国本土之外，这充分表明 AACSB 认证已经成为世界范围内商科教育质量保障的重要评价标准。AACSB 商学院教育认证制度之严、标准之高冠居全球，通过 AACSB 认证的商学院可以与世界一流商学院进行学分互认，与世界一流商学院在人才培养、科学研究等方面开展更加深入的合作，是商学院发展历史上的一个里程碑。

　　EQUIS 认证是由欧洲管理发展基金会发起的针对商学院的国际性质量认证体系，于 1996 年推行。EQUIS 从整体来评价认证对象，认证过程非常严谨，以国际性管理教育的卓有成效为认证标准，是欧洲最严格的质量认证体系。EQUIS 认证时，除要求商学院提供其在本国内拥有高水平教学标准的有力证据以外，还要求学院的课程高度国际化，学生必须具备全球使命感；要求商学院制订完备的学生培养计划，并推动商业研究工作。此外，EQUIS 还要求商学院与工商业界之间密切联系，保持专业理论知识和商业实践之间的平衡。EQUIS 除了为欧洲 14 个国家的不同高等教育机构进行认证以外，在亚洲、美洲和非洲也都有成功的认证案例。目前,中国有 23 家商学院已通过 EQUIS 认证。

英国 AMBA 成立于 1976 年,其认证是针对商学院 MBA 项目的国际认证体系。AMBA 的标准包括整个 MBA 项目的质量、商学院能否独立自主地颁授学位、个人及 MBA 毕业生雇主是否认同国际 MBA 认证体系等,注重体现商务和管理实践的发展。截至 2020 年 4 月,中国总计有 36 个商学院的 MBA 项目通过英国 AMBA 认证。

AACSB 官方关于全球通过认证的商学院的调研报告显示,目前通过 AACSB 认证的高校商学院有 10% 的比例同时拥有 EQUIS 和 AMBA 认证。三项商学院国际认证中,AACSB 平均认证时间需要 5～7 年,EQUIS 认证需要 1～2 年,AMBA 认证则相对较快。就认证难度和含金量而言,AACSB 认证均独占鳌头,因此,AACSB 认证是商学院最高荣誉的象征。

1997 年,AACSB 开始涉足除北美以外的国际认证。截至 2021 年 6 月,中国有 32 所高校的商学院通过认证(见表 6.3),位于长三角经济核心区的院校占 40%,其中上海高校 9 所。

表 6.3　中国已通过 AACSB 认证的商学院信息汇总

序号	AACSB 认证高校学院	认证通过时间	历时	特性	是否"双一流"	2020—2021 QS 中国大学排名/世界排名
1	清华大学经济与管理学院(北京)	2007 年 4 月	3 年	985 211	是	1/15
2	中欧国际商学院(上海)	2008 年 12 月	*	—	否	– / –
3	复旦大学管理学院(上海)	2010 年 4 月	*	985 211	是	5/34
4	上海交通大学安泰经济管理学院(上海)	2011 年 4 月	*	985 211	是	7/47
5	西安交通大学管理学院(陕西)	2011 年 4 月	*	985 211	是	25/303
6	北京大学光华管理学院(北京)	2012 年 7 月	*	985 211	是	3/23

（续表）

序号	AACSB认证高校学院	认证通过时间	历时	特性	是否"双一流"	2020—2021 QS中国大学排名/世界排名
7	中国人民大学商学院（北京）	2013年3月	2年	985 211	是	—/—
8	南京大学商学院（江苏）	2013年6月	4年	985 211	是	13/124
9	中山大学商学院（广东）	2013年7月	3年	985 211	是	20/263
10	中山大学岭南（大学）学院（广东）	2015年2月	*	985 211	是	20/263
11	中国科学技术大学管理学院（安徽）	2015年3月	4年	985 211	是	12/93
12	大连理工大学管理与经济学部（辽宁）	2015年3月	6年	985 211	是	—/—
13	浙江大学管理学院（浙江）	2015年5月	*	985 211	是	9/53
14	西安交通大学-利物浦大学国际商学院苏州（江苏）	2016年2月	3年	—	否	—/—
15	上海交通大学上海高级金融学院（上海）	2016年2月	3年	985 211	是	7/47
16	同济大学经济与管理学院（上海）	2016年4月	4年	985 211	是	18/256
17	南开大学商学院（天津）	2016年8月	6年	985 211	是	29/377
18	对外经济贸易大学国际商学院（北京）	2016年8月	5年	—211	是	—/—
19	重庆大学经济与工商管理学院（重庆）	2017年7月	5年	985 211	是	—/—
20	上海财经大学商学院（上海）	2017年7月	6年	—211	是	—/—
21	北京科技大学东凌经济管理学院（北京）	2018年3月	5年	—211	是	—/—

（续表）

序号	AACSB认证高校学院	认证通过时间	历时	特性	是否"双一流"	2020—2021 QS中国大学排名/世界排名
22	上海理工大学管理学院（上海）	2018年5月	7年	—	否	－ / －
23	北京大学汇丰商学院（广东）	2018年8月	2年	985 211	是	3/30
24	西南财经大学会计学院（四川）	2018年11月	5年	－211	是	－ / －
25	华南理工大学工商管理学院（广东）	2019年7月	*	985 211	是	39/462
26	北京理工大学管理与经济学院（北京）	2019年11月	5年	985 211	是	33/392
27	华东理工大学商学院（上海）	2020年1月	4年	－211	是	－ / －
28	中央财经大学商学院（北京）	2020年2月	6年	－211	是	－ / －
29	华中科技大学管理学院（湖北）	2020年2月	5年	985 211	是	34/369
30	上海大学悉尼工商学院（上海）	2020年2月	5年	－211	是	30/387
31	厦门大学管理学院（福建）	2020年2月	5年	985 211	是	36/432
32	哈尔滨工业大学经济与管理学院（黑龙江）	2021年3月	6年	985 211	是	22/260

资料来源：根据AACSB官网和各高校网站公开信息整理及调研获得。

注：*表示认证历时未知；—表示非985或非211高校；－/－表示未进入QS前500排名。

在通过AACSB认证的高校商学院中除了个别中外合作院校，其余均为中国大学的985或211顶尖院校，而且处于中国大学排名前十的第一梯队，北京大学和上海交通大学均有两个学院已通过认证，而非教育部直属的地方高校仅有上海理工大学。截至2020年2月，中国仅有

5 所高校同时荣获 AACSB、AMBA 和 EQUIS 认证,包括上海交通大学安泰经济管理学院、同济大学经济与管理学院和浙江大学管理学院 3 所位于长三角地区的顶级商学院。

由此可见,国内顶尖高校的商学院已经充分意识到引进国际认证的重要性,并且予以实践,但大多数地方高校仅在探索和起步阶段。国际权威的 AACSB 认证不仅代表了学校品牌形象,同时也代表了学校教学、师资、课程体系对行业乃至某个领域的重大贡献,对应的国际高等教育管理认证机构为认证制定了一流学院和学科建设的高规格标准,具有一定的历史沉淀,这为国内地方性高校发展错位竞争的商学院以及相关学科具体、有效、系统的标准认证体系与评估方法提供了决策参考与提升捷径。因此,许多非 985、非 211、非"双一流"的地方性高校都有申请 AACSB 认证的意愿,表 6.4 汇总了截至 2021 年 6 月,国内计划、正在申请以及进入申请最后阶段的高校。

表 6.4　计划取得 AACSB 认证的国内高校学院

申请进入最后阶段的国内高校		
1	天津理工大学管理学院	非 985、非 211、非"双一流"
2	上海立信会计金融学院工商管理学院	非 985、非 211、非"双一流"
3	深圳大学管理学院(广东)	非 985、非 211、非"双一流"
正在申请的上海高校		
1	上海海洋大学经济与管理学院	"双一流"
2	上海工程技术大学管理学院	非 985、非 211、非"双一流"
3	上海体育学院经济与管理学院	"双一流"
4	上海应用技术大学经济与管理学院	非 985、非 211、非"双一流"
5	上海海事大学经济管理学院	非 985、非 211、非"双一流"
计划申请的上海高校		
1	东华大学旭日管理学院	211、"双一流"
2	上海外国语大学国际工商管理学院	211、"双一流"
3	上海电力大学经济与管理学院	非 985、非 211、非"双一流"

资料来源:根据调研获得。

6.3.2 ACCA 认证

高校已着眼于为当今飞速发展的社会培养出具有创新意识和前瞻思维的商业精英,并与全球各个资源相关方逐步形成广泛而深入的双赢合作关系,特别是和具有权威性的专业组织进行合作,如商科财会专业的特许公认会计师公会(The Association of Chartered Certified Accountants,ACCA)。ACCA 自 1904 年成立至今,是全球广受认可的国际专业会计师组织,高校商学院通过和 ACCA 的深入合作,致力于共同培养具有专业能力及职业操守的财会全才,并与政府部门、企业以及行业先驱建立紧密联系,保持对新趋势和新法规的敏锐度,并协助相关机构改进或完善新规章制度,为当地财会行业的未来发展输送高水平国际化应用型人才,从而推动当地社会在经济发展进程中的公平性和透明度。

截至目前,ACCA 在全球拥有超过 20 万名会员和 50.3 万名学员,他们活跃于全球各个领域,是备受国际认可和行业青睐的专业会计师。相关调查显示,95% 的受访雇主认可 ACCA 专业资格证书,73% 的受访企业高层都拥有 ACCA 会员身份,89% 的福布斯 500 强、75% 的福布斯 2 000 强、83% 的财富 500 强企业雇用 ACCA 学员和会员,全球 7 571 家知名企业已加入"ACCA 认可雇主计划",54% 的 ACCA 会员已获得公司奖金。可见,ACCA 是全球权威的商界通行证,对行业精英的认证具有一定的全球影响力。

得益于中国的高速发展和市场变革,ACCA 也已进入中国。随着中国国力的不断提升以及与国际社会的进一步接轨,ACCA 为高校商学院财务管理专业提供了一个极佳的、与全球精英交流和自我发展的平台。在中国政府及企业等众多合作伙伴的支持下,ACCA 不断发展壮大,目前在中国设有 9 个代表处,拥有 8 000 名会员以及 102 000 名学员,共有 700 家 ACCA 认可雇主,他们优先招聘 ACCA 会员、支持员工学习 ACCA,并为其提供更加广阔的职业发展空间。众多优秀 ACCA 会员和学员就职位于花旗银行、汇丰银行、渣打银行、工商银行、中国银行等大型国际国内金融机构,阿里巴巴、通用电气、壳牌和联合利华等大型企

业以及以四大会计师事务所为代表的国际财务金融服务机构等。通过
数据对比可知(见图 6.3),我国发展起步晚,现阶段会员数仅占全球的
4%。不过可喜的是,我国 ACCA 学员数近年来激增,占目前全球学员
总数的 20%。而且,具备 ACCA 专业资格的高端财会金融人才被越来
越多的国内城市纳入高端人才发展计划,如上海金融领域"十三五"人
才发展规划、广州市高层次金融人才支持项目、深圳市罗湖区高层次产
业人才"精英计划"、成都天府新区成都直管区"天府英才计划",以及西
安高新区加快金融业发展政策等。据 ACCA 官方信息,截至 2020 年 10
月(见图 6.4),中国已有 129 家高校在财务管理专业中开设 ACCA 方向

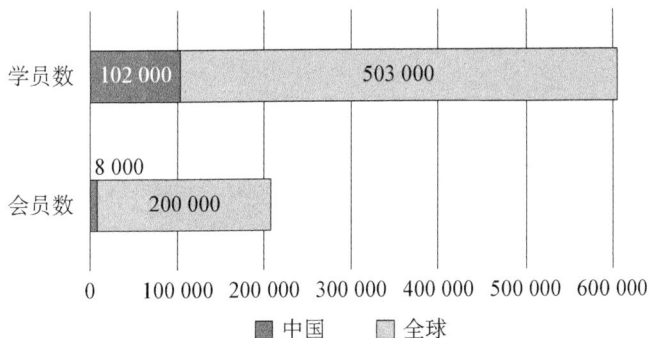

图 6.3　ACCA 认证情况国内外对比图(单位:人)

资料来源:根据 ACCA 官网公开信息整理绘制。

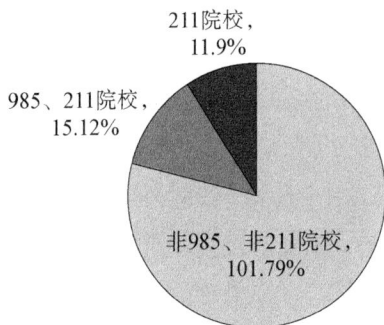

图 6.4　中国高校开设 ACCA 方向班情况

资料来源:根据 ACCA 官网公开信息整理绘制。

班,致力于联合培养国际财会人才,其中非 985、211 的地方性高校为了加强办学特色与竞争力,在此方面更加积极。综上可见,我国政府、教育监管机构、高校和个人均已逐渐意识到引入专业性的财会类国际认证的重要性与紧迫性。

由于国内高等商科教育起步较晚、发展较慢,综合水平不佳,目前仅有 15 家高校成为 ACCA 官方认可培训机构,其中 7 所高校是"白金级",也就是最高级。ACCA"认可培训机构项目"是对业内领先的教育培训机构为全球学员提供高效、创新的培训课程以及一流的支持给予正式的认证。虽然目前中国已有 129 家高校在财务管理专业中开设 ACCA 方向班,但仅有不到 6% 的高校自身完全具备与 ACCA 认证相配备的专业师资、课程与支持。

6.3.3　CFA 认证

特许注册金融分析师(chartered financial analyst, CFA)是全球投资行业最为严格与高含金量的权威认证体系,被称为全球"金融第一考",为全球金融从业人员在道德操守、专业标准及知识体系等方面设立了规范与标准。CFA 由美国特许金融分析师协会发起设立,协会最初于 1959 年 6 月由美国金融分析师联合会在弗吉尼亚的夏洛茨维尔市与弗吉尼亚大学联合设立。自 1962 年 CFA 认证体系设立以来,一直致力于建立并倡导遵守至高的金融行业准则。CFA 资格认证遍布全球 100 多个国家和地区,服务于全球各个金融相关行业,被全球 170 多个国家和地区的雇主认可。《金融时报》杂志将 CFA 比喻为金融投资专才的"黄金标准",《人民日报》也多次将 CFA 资格推荐为含金量最高的证书之一。

CFA 是全球最高端的金融投资管理资格认证,来自其对高水准专业金融知识的不懈追求,以及对更高职业和道德准则的长期恪守。主办 CFA 考试和授予 CFA 特许状头衔的机构是总部位于美国的 CFA 协会(CFA Institute),由全球投资专业人士组成,具有悠久的历史,是非营利性专业机构,负责在世界范围内主办 CFA 考试,并为全球金融投资界制定职业道德和专业准则。CFA 协会通过 CFA 项目培养了许多活跃于全球金融行业前沿的高水平专业人士。根据协会官方数据,截至 2019 年底,全球仅有 178 300 名 CFA 持证人,遍布全球 157 个国家和地区,服务于众多企业。凭着广泛的认同,CFA 持证人在国际职场上享有明显的竞争优势(见图 6.5)。CFA 持证人大多就职于基金经理、金融分析师、首席财务官、行政总裁、风险管理经理等高端金融职位,或成为私人财富管理经理。雇用 CFA 持证人的主要公司有美国银行、中国工商银行、高盛、美林证券、摩根士丹利、英国保诚集团、加拿大多伦多道明银行、花旗集团所罗门兄弟、威灵顿管理公司等全球金融行业巨头。据 CFA 协会的统计,在欧美国家 CFA 持证人的薪资普遍比同行高出 20%。

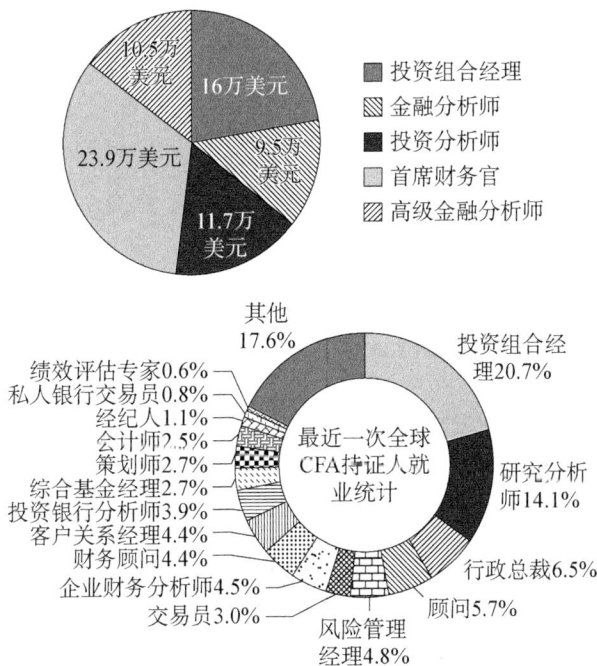

图 6.5　全球 CFA 持证人的职业及薪酬

资料来源:https://www.cfainstitute.org/-/media/documents/corporate-record/annual-report-2019.ashx.

在中国拥有最多 CFA 持证人的雇主包括普华永道、中国银行、中国工商银行、中国国际金融有限公司、汇丰银行、中国中信、法国巴黎银行、瑞银、德勤、安永会计师事务所、中国平安保险、招商局集团、国泰君安证券股份有限公司等大型金融企业及其服务业机构。随着中国经济步入"新常态",金融行业在中国经济发展中将扮演越来越重要的角色。因此,行业需要更多国际化高端专业金融人才。CFA 协会多年来致力于与中国监管部门、业界和从业人员通力合作,推广和落实国际通行的"黄金标准"。尽管中国的金融市场在许多方面是独一无二的,但日益国际化的全球市场已经超越了国界,对 CFA 认证所代表的国际高端认证体系的接纳和实施将帮助中国从正在进行的经济转型、国际化和金融创新中受益更多。为了更好地服务中国的 CFA 学员和持证人,CFA 协会于 2008 年 12 月成立 CFA 中国分会,并先后设立 CFA 北京协会、CFA 上海协会、CFA 深圳协会等地方协会,提供专业会员服务以支持CFA 金融投资专业标准,通过后续教育及活动建立广泛的会员之间及会员与投资团体之间的紧密联系。

CFA 中国分会每年年底都会在北京、上海、深圳、成都组织 CFA 专业资格认证仪式。成为 CFA 持证人必须同时具备以下条件:同意并遵守 CFA 职业道德操守与金融专业行为准则;拥有受认可机构颁发的学士学位,或拥有同等学力、同等的工作经验;依次通过 CFA 三个级别的考试;具备 4 年 CFA 协会认可的金融相关工作经历;申请并加入所在地分会并成为 CFA 正式会员和 3 名符合条件的推荐人。

截至 2019 年,国内共计有超过 30 所大学成为 CFA 协会的合作高校,长三角经济核心区约占二分之一(见表 6.5)。

表 6.5　长三角地区 CFA 合作高校(排名不分先后)

序号	高校	合作项目/学位
1	中欧国际工商学院	金融 MBA
2	复旦大学	金融学硕士/金融学学士
3	江苏理工学院	金融学学士
4	南京审计大学	经济学学士

（续表）

序号	高校	合作项目/学位
5	南京财经大学	金融学硕士/金融学学士
6	上海交通大学安泰经管学院	金融 MBA/金融学硕士
7	上海交通大学高级金融学院	金融学硕士/MBA
8	上海大学	国际金融 MBA（GFMBA）
9	宁波诺丁汉大学	金融学学士/金融学硕士
10	西交利物浦大学	投资管理硕士
11	浙江工商大学	金融学学士
12	浙江财经大学	金融硕士/金融学士
13	同济大学	财务硕士
14	江苏财经大学	金融学学士
15	江苏工业大学	金融学学士

资料来源：根据 CFA 协会官网公开信息整理。

由上可以看出，与 CFA 国际认证合作的高校多为教育部直属一流大学和国际办学高校，而定位于应用型本科教育的地方性直属高校占比甚少，尚未形成长三角高端金融教育一体化互利互惠、资源共享的规模效应。

6.3.4　FRM 认证

金融风险管理师（financial risk manager，FRM）是金融风险管理领域权威的国际资格认证，由美国全球风险管理专业人士协会（Global Association of Risk Professionals，GARP）设立。近 10 年来，金融风险管理技术得到了前所未有的重视，FRM 认证也因此迅速发展，并得到华尔街和众多欧美著名金融机构、大型公司风险管理部门以及各国政府监管层和金融监管部门的认同，已成为全世界金融风险管理领域深受认可的顶尖认证体系。

金融业是高风险行业，存在着市场风险、信用风险、操作风险、流动性风险等诸多金融风险。随着贝尔斯登、雷曼兄弟、美林证券等相继倒下,以华尔街为起点的次贷危机最终演变成世界金融危机,危机暴露出很多金融机构在风险防控上的漏洞。在今日错综复杂、瞬息万变的金融市场上,风险往往难以掌握,有效的风险管理成为企业成功的关键。而这一攸关企业组织及其投资人命运的重要决策,需要众多的金融风险管理专业人士的参与,金融风险管理师也成了人才市场上的"香饽饽"。由此,FRM 权威认证日益受到重视,俨然成为全球瞩目的国际风险管理顶尖证照。

FRM 认证每年的考纲内容、考题和通过标准,都由 FRM 项目监督委员会决定。FRM 项目监督委员会由高级风险经理、首席风险官和行业专家与学者组成。目前 FRM 项目监督委员会主席是勒内·施图尔茨(René Stulz),其还担任俄亥俄州立大学银行和货币经济学埃弗雷特·D. 里斯荣誉主席,以及 GARP 董事会的副主席。为了提供风险管理领域最有效、最前沿的内容,并使 FRM 认证得到业界的认可,GARP 协会每隔 3 年都会进行一次全球实践分析,会对金融风险管理从业人员进行调研,分析其职位、工作地点、工作性质以及工作内容,并重点关注其履行风险管理职责所需的技能和知识。上述调研结果会对未来的考试内容有所影响,以确保 FRM 认证与实际工作内容密切联系,与时俱进。

金融风险管理师主要涉及的岗位与金融机构的风险控制密切相关,如金融交易员(经纪人)、金融机构风控人员、投资银行从业者、基金经理人、资产管理者、风险科技人员、风险顾问、企业财会与稽核部门、首席财政官或财务总监、首席信息官或信息主管、首席风险执行官等。目前,80%的世界性金融类机构设有首席风险执行官的职位。

除了金融行业本身的风险,我国金融市场的逐步开放和外资金融机构的快速进入,加大了我国金融机构的经营风险。因此,目前国内金融控股企业、证券公司、投资银行与商业银行、资产管理公司、期货商、保险公司、大型企业集团的财会与稽核部门纷纷加强了金融风险控制,金融风险正日益受到国家金融监管机构以及各家金融机构的重视。这也导致我国金融业对风险管理专业人才的需求急剧增加。从 GARP 协会的数据可以看到,全球有超过 6 万名 FRM 持证人,中国有来自金融服务业各个领域的 15 800 名持证人,但相对于我国的经济体量,持证人数远远不够。机构和企业求贤若渴,但由于国内高端金融教育相对滞后,人才供给明显不足,特别是训练有素、具有专业资格的高端金融风险管理人才更是凤毛麟角。

随着国际金融环境的进一步变化,国内金融机构对金融风险管理人才的需求会日益增加。近年来,我国对金融风险管理越发重视,FRM 已被中国职业技能测试局以及人力资源和社会保障部批准为国家职业资格证书,成为官方推荐的金融领域高端专业认证。随之而来,各大城市的地方政府也对 FRM 持证人出台了一系列的扶持政策。

2018 年 8 月,深圳市委、市政府印发《关于实施"鹏城英才计划"的意见》,启动实施金融人才培养专项。在金融发展专项资金中每年单列5 000 万元用于加强金融人才队伍建设。对新获得特许金融分析师、金融风险管理师、北美精算师等国际通行金融资格证书的金融人才,给予每人最高 5 万元补贴。2019 年,《中共深圳市福田区委　深圳市福田区人民政府关于进一步实施福田英才荟若干措施的通知》发布,对获得特许金融分析师、金融风险管理师等资格证书之一,申报时未认定为深圳市高层次人才或孔雀人才,且在同一家辖区金融机构或金融专业服务机构从事相关专业工作连续 3 年以上的,给予一次性 3 万元的人才奖励。

2018 年 9 月,天津市发布《市人力社保局关于开展 2018 年度资格型人才引进专项资助申报工作的通知》,明确资助持有金融风险管理师证书、特许金融分析师证书的人才,给予引进的注册会计师、特许金融分析师、金融风险管理师、执业律师,一次性 3 万元的资助。

2019 年 8 月,杭州市制定"钱塘金融人才"专项计划,对新获得特许金融分析师、金融风险管理师、北美精算师等国际通行金融资格证书的金融人才,给予最高每人 5 万元补贴。

尽管北京、上海、广州目前针对 FRM 持证人还没有实质性的经济补贴政策,但 FRM 持证人作为对于评定是否为优秀金融人才的标准之一,有助于落户、子女就学等。

6.4　金融财会专业教育质量保障体系建设

基于上述国际权威认证的分析，提出针对长三角经济核心区高端国际金融专业教育的两层建设架构：第一层是针对长三角各地高校（学院）建设的基于 AACSB 认证的商学院教育建设体系；第二层是针对专业教育建设的双国际认证的应用型高水平专业体系。

美国 AACSB 商学院教育认证制度之严、标准之高冠居全球，通过 AACSB 认证代表着一所商学院的最高成就，也是国际化高水平的发展方向。AACSB 全球认证的开放，为长三角区域地方性普通高校商学院通过努力建设与持续提升，达到世界级商科教育水平提供了可能性，最终确定长三角经济核心区高端国际教育中心地位。基于深入分析与思考，提出基于 AACSB 认证的商学院教育建设体系框架（见图 6.6）。该框架适用于国内地方性普通高校商学院进行高水平商科教育建设规划，

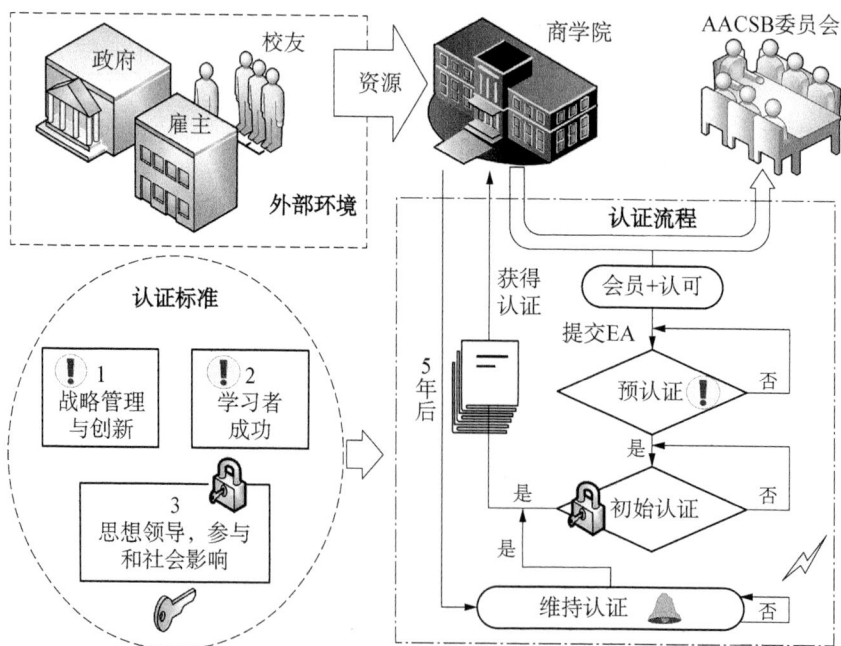

图 6.6　基于 AACSB 国际工商管理认证体系的商学院教育建设架构

分为认证主体、认证主体对象及其外部环境、认证标准和认证流程四大模块，以 AACSB 认证标准为核心，并且相互联系、相互作用。

AACSB 委员会是 AACSB 的认证主体，负责 AACSB 认证政策标准、认证程序的开发制定与维护。AACSB 委员会仅针对商学院的学位项目进行认证，其使命是促进各利益相关方重视商科教育，加大参与度，加速创新，并扩大影响力。AACSB 委员会通过不断致力于拉近教师、学生、企业和相关机构之间的距离，使商科教育与商业实践保持一致，并且通过包容性和多样性鼓励加速创新，用全球化的心态不断改进商科教育质量，体现商业道德和社会责任，从而对社会和企业产生积极的影响。

在当今动态的环境中，商学院必须有更多的可持续思考与实践，旨在为学生提供与时俱进的知识与技能，从而满足世界商业不断变化的服务需求。商学院是 AACSB 的认证主体对象，必须有明确的教育使命愿景和培养目标，充分利用各方资源，培养和鼓励教师和专业人员加速创新，投资适当的智力资本，制定适应新商业需求的教学计划和课程，并有持续改进的机制。学院有义务让学生了解在商学院能"学到什么""如何学"和"没学会怎么办"等，把学生的培养作为学院发展的第一要务。同时，商学院和学校、校友、企业雇主及政府机构等外部环境的各个利益相关方保持良好的沟通、协作与共赢。提供工商管理类或会计学位教育的商学院可以申请 AACSB 认证。AACSB 具有十分严格的认证流程，是 AACSB 委员会与商学院之间的联系纽带，整个认证时间跨度平均约为 5 年。

首先，商学院必须申请得到 AACSB 会员资格。考虑申请成为学术单位的学校应联系 AACSB 认证工作人员，讨论他们的机构结构以及是否适用于作为学术单位的认证，并查看有关认证单位的更详细信息。商学院作为认定单位进入认定程序的，必须提交认定单位申请，报初审委员会审核批准。认可申请必须在提交资格申请之前获得批准。

接着，商学院可以正式递交认证资格申请（eligibility application，EA），进入预认证流程，AACSB 初次认证委员会（Initial Accreditation

Committee，IAC)会指定一名资深认证顾问来协助商学院进行认证,认证顾问至少到访学院一次,同时,AACSB会安排一名内部联络人员协助申请单位开展认证。

在预认证过程中,商学院先进行自我评估,确认实现方向和程度是否与 AACSB 的认证标准一致,委派的 AACSB 认证顾问进行非现场调查与实地考察,并向 AACSB 委员会提交考察报告,同时识别并沟通风险点与存在的问题,提供相应帮助和建议。商学院与专家顾问一同商议目前的差距以寻求解决方案,共同制定具体的认证计划,并向 AACSB 委员会汇报具体的进展情况。如有必要,同行顾问专家将再次实地考察并指导商学院,直至全部完善之后提交最终的认证标准较准计划书 (standard alignment plan, SAP)。SAP 需要在 EA 被批准后 2 年内提交,之后 SAP 进入评审程序;如果 EA 被批准后 1 年内没有提交 SAP,申请单位应在顾问的协助下提交年度进展报告。AACSB 预审委员会 (Pre-Accreditation Committee, PAC)将严格审查商学院提交的认证计划,并给予评判,如果审核不通过,PAC 将提出修改建议,要求商学院返修直至审核通过。一旦认证方案通过了 PAC 的审查,申请单位进入 SAP 实施过程。商学院每年按时提交年度 SAP 的实施进展报告(plan implementation report, PIR),体现持续改进过程,消除未满足 AACSB 标准的各个方面。在此期间,同行专家顾问每年都会持续实地考察与指导,帮助与监督计划的有效实施。AACSB 委员会将根据提交的年度进展情况和问题与商学院保持沟通,以便于持续改进。从 SAP 被批准算起,一般 3 年内完成,最长不超过 5 年。IAC 负责审核申请单位的年度 PIR,如果评审结果为达标,IAC 将邀请申请单位提交初次认证申请。接着,商学院就可提交初次认证申请。

进入初认证的过程后,IAC 委员会将召集多位专家组成同行评估团 (peer review team, PRT),由一名 PRT 主席及另外两位院长组成,进行实地访问考察和问题的沟通,指导商学院准备自我评估报告。PRT 审阅申请单位的自我评估报告和年度进展报告,规划并排定现场访问。商学院持续完善自我评估认证报告,改进和细化战略计划,PRT 确定实地访问考察的具体时间和内容,在 IAC 的认可下提前 45 天向申请单位发出预访信函。PRT 到校进行前后 4 天的访问,在实地考察后 10 日内向 IAC 和商学院提交专家团队报告并送交评估决议,如有需要,商学院针对专家团队报告向 AACSB 委员会解释和答复。通过自我评估和同行专家团评审,经理事会确认核备后,AACSB 委员会批准学院正式获得初始 AACSB 认证通过。

在维持认证阶段(保持认证资格),即在商学院获得 AACSB 初始认证后 5 年,需提交维持认证报告,PRT 实地考察,决定是否继续其认证资格。

(1)申请单位每年更新战略改进方案,准备年度认证保持报告,参与 AACSB 认证数据的搜集工作。

(2)认证后的第 3 年,申请单位提交认证保持申请以及学位项目清单、对比单位列表等说明材料,认证资格保持委员会(Maintenance Accreditation Committee,MAC)将材料及建议递交给认证协调委员会(Accreditation Coordinating Committee,ACC)作资格审查。

(3)在认证保持评估的两年内:①申请单位和 MAC 一起选定 PRT,并排定现场访问。②在现场访问前 60 天,申请单位需向 PRT 提供第 5 年度认证保持报告、以往年度认证保持报告、采取的政策以及执行概要。

(4)PRT 到校进行现场访问。

(5)PRT 撰写报告并将评估决议送交 MAC,经理事会确认核备后再次认证通过。

之后每 5 年为一个周期进行维持认证,不断循环,以保持商学院 AACSB 认证的有效性。

AACSB 工商管理国际认证标准与 AACSB 委员会的使命愿景保持一致,是商学院教育体系架构建设的核心。2020 年新标准包括战略管理与创新、学习者成功以及思想领导、参与和社会影响三大模块 9 条具体标准,基本内容与要求如表 6.6 所示。

表 6.6　AACSB 工商管理国际认证标准的基本内容（2020 版）

标准大类	标准数	标准内容	标准作用与基本要求
战略管理与创新	3	标准 1：战略规划 标准 2：资源（实物、虚拟和财务资源）管理 标准 3：教师和行政员工管理	提供指导商学院进行有意义的战略制定的标准管理，包括围绕制定和维护战略计划的标准，管理所有资源，并确保获得认证的学校或单位的整体财务状况
学习者成功	4	标准 4：课程管理 标准 5：学习质量保障 标准 6：学生发展 标准 7：教学效果与影响力	旨在确保学习者在课程中获得成功。高质量的商学院需确保学习者的学习过程，并发展学生终身学习的心态，以确保持续的成功。确保教师提供高质量的教育经验，教学和评估流程应与能力目标挂钩，最大化实现预期成果的潜力。课外计划鼓励创新并促进学习者与教职员工共同参与商业最佳实践
思想领导、参与和社会影响	2	标准 8：学术贡献与影响力 标准 9：社会影响力	优质商学院的主要特征是通过教育活动、领导力以及外部利益相关者的参与发挥其重大作用。包含两个标准：一是侧重于传播领导力思想；二是评估学校对社会的参与度和影响

资料来源：根据 AACSB 官网（https://www.aacsb.edu/accreditation/standards/business）公开信息整理。

　　与一般的认证标准不同，AACSB 认证的标准商学院达到国际一流商科教育水平的要求。AACSB 认证标准的独到之处在于注重"使命驱动、全员参与、资源利用和持续改进"，同时也是其价值所在，能让长三角地区地方性普通高校商学院根据自身办学特色，建立独特的教育体系架构。

　　高等院校的首要使命在于高水平人才的培养，其根本在于教育质量的有效保证。由此，在基于 AACSB 认证的商学院教育建设体系架构下，突出地方性高校商学院应用型人才培养的特色与定位，明确使命愿景，提出了建立有中国特色的地方高校高水平专业教育质量保障体系。

以财务管理专业为例,构建长三角地区地方高校商学院高水平专业建设体系(见图 6.7),具有内外部双驱动、高效的资源配置、全员参与评估的责任与绩效、持续改进四大特征。

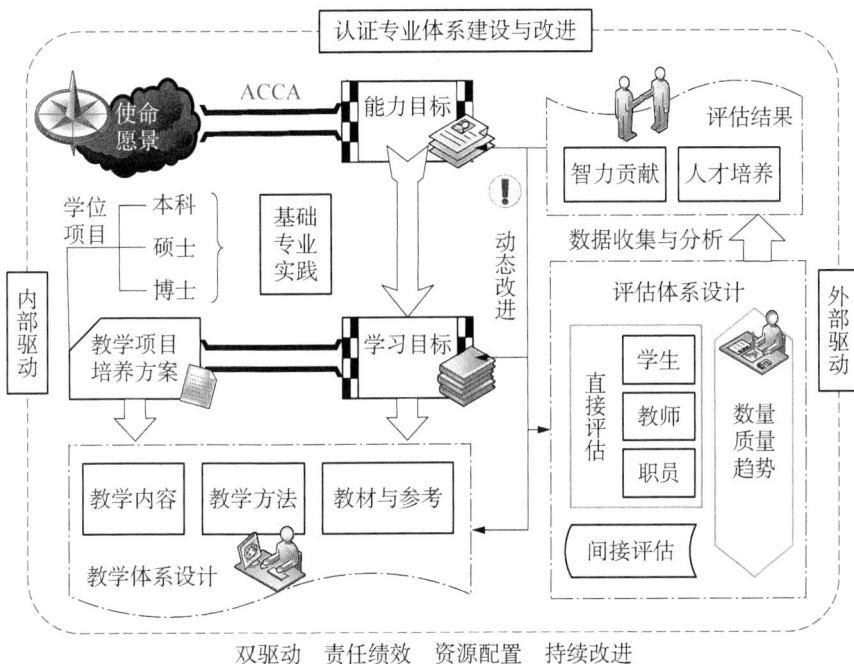

图 6.7 高水平双认证财务管理专业体系建设

在 AACSB 一流国际认证的外部驱动和地方性高校商学院自身发展的需求下,确定符合长三角地区地方性高校商学院培养定位的使命和愿景,并引入 ACCA 国际财务管理认证,制定以使命驱动的高水平财务管理专业的具体能力培养目标和学习目标(见表 6.7)。设定的财务管理专业培养目标旨在通过商业意识、分析、评估和解决问题等专业素质和个人效能训练,培养具有高度职业道德和社会责任,具有创新和质疑精神,拥有领导力、团队协作、沟通技能,具有国际化视野的应用型复合财务管理人才。

表 6.7　高水平财务管理专业培养目标

能 力 目 标	学 习 目 标
a. 具有职业道德和社会责任	a.1　辨识和认可正确的职业伦理道德 a.2　理解和实施行业规范和社会责任
b. 具有专业素质和个人效能	b.1　掌握广而深的行业专业知识 b.2　能在社会及行业发展中提升自我
c. 具有创新和质疑精神	c.1　具有开拓创新和不断进取的精神 c.2　能辨识确定关键问题，并通过合理分析论证得出结论
d. 具有商业意识以及分析、评估和解决问题的能力	d.1　具有一定的商业敏锐性 d.2　掌握定性定量分析方法，能解决实际问题
e. 具有领导力、团队协作和沟通交流技能	e.1　具有一定的组织领导力和沟通交流能力 e.2　能在团队中愉快高效地与他人合作
f. 具有国际化视野	f.1　熟练掌握一门国际化语言 f.2　了解国际上与专业相关的规则与发展

　　高水平财务管理专业的培养目标需要由商学院领导、财务管理专业负责人、专业教师、行业专家以及长三角共享师资团队共同反复论证、交流探讨及应用实践予以确立，将 ACCA 国际认证的高水平课程与教学内容融入商学院传统的财务管理教育中，最终确定学院使命驱动下与目标贴合的相关学位教学项目和高水平双认证培养方案（见表 6.8），各课程不同程度地针对所制订的学习目标进行教学设计。

　　财务管理专业的培养方案中拟涉及的具体课程均在培养目标的指引下进行详尽的教学体系设计，包含反映学科发展与行业现实的教学内容设计、能引起学生主观兴趣的教学方法多样性设计、传统教材与互联网教学资源的合理利用设计等。更重要的是，通过教学评估体系的设计形成闭环，使整个财务管理专业体系建设具有不断持续改进的机制。不同于传统的教学评估，采用以学生培养质量和满意度为中心的全员责任绩效制，包含针对学生、教师与职员的直接评估和校友、雇主口碑与社会声誉等间接评估，其中教学成果方面的评价不仅包含针对学生知识和技能等认知方面的教育成果，同时也包括学生的价值观、职业道德与社

表 6.8　基于 ACCA 认证的高水平财务管理专业培养目标实现路径

能力目标	学习目标	通识教育课		大类平台课		专业基础课		专业主干课		专业方向课		专业拓展课		实践类课程	
		职业发展与就业指导	计算机程序设计	经济学	管理学原理	财务会计 F7	会计信息系统	高级财务管理 F9	跨国公司分析	战略商业领袖 SBL	战略商业报告 SBR	高级税务 P6	高级审计与认证 P7	财务综合模拟	实践实习
a	a.1	***	*	*	*	*	*	*	*	**	*	*	*	***	***
	a.2	****	**	**	**	**	****	**	****	**	**	**	**	**	***
b	b.1		***	***	***	***	***	***	****	***	***			***	
	b.2	*	*	*	**	*								**	**
c	c.1	**	**	***	**	**	*	**	*	**	*	*	***	**	***
	c.2	*	***	**	***	***	***	***	**	***	**	*	***	***	***
d	d.1	**	*	***	**	***		***	***	***	***	***	***	***	**
	d.2			*	*	*	*			***	***			***	
e	e.1	**	*		***	*	*		***	***	****	****	****	***	***
	e.2	**	*			***		****		****				***	***
f	f.1												****	***	
	f.2	**	**	**	**		**	***	***	****	**	***	**	**	**

注：此处用 * 定性地表示培养的侧重程度，* 越多表示该课程对该学习目标越侧重。

会责任等非认知方面的教育成果。该评价机制遵循数量与质量并重原则,采用大数据分析方法,并注重评价结果的趋势分析。

6.5 基于双认证的应用型金融财会专业体系建设实践

针对目前国内高等商科教育资源不足的现状,提出基于双认证的、适用于长三角地区普通高校的应用型专业高端国际教育建设路径。通过基于 AACSB 认证的商学院教育制度体系建设,探索和定位商学院的教育特色,从制度和流程上提升和持续改进长三角地区地方性高校商学院的学科建设能力、教学管理能力和整体教育水平。以财务管理专业为例,长三角地区的高校进一步与 ACCA 充分合作,引入 ACCA 专业权威认证,完善商学院财务管理专业课程培养体系,进一步提升长三角地区商学院国际化办学育人水平和人才培养质量,进而跻身国际一流商学院的队伍,为长三角经济核心区高端国际教育中心建设奠定坚实基础。

除教育部直属的顶级高校外,国内地方性高水平大学也是长三角经济核心区建设高端国际教育的重要组成,其商学院均要以建设世界"一流大学"和"一流学科"为要求,根据全球商学院教学、研究和学生管理的国际标准,提升学科建设能力和教学管理能力,逐步成为应用型高水平国际化办学的一流商学院。下面将以财务管理专业建设为例,阐述基于 AACSB 与 ACCA 双国际认证的应用型高水平专业体系建设实践。

6.5.1 确立以商学院为主体的使命愿景与国际化特色

秉承高校以学生发展为本、以教育质量为本的办学理念和精神,努力为学生创造积极向上、严谨求实的学习氛围,努力为学生提供自由、活泼、开放的人文环境和个性昂扬、健康成长的个性化发展平台。商学院旨在培养经济学、金融学、管理学等应用型技术人才,以国际合作与交流为特色,其财务管理专业致力于为学生创造机遇和提供资源,支持和推动财务管理的最高专业标准,为国家培养德才兼备的国际通用型高水平财会人才。

　　具有显著国际化特征的商学院,运用中外合作办学的优势,全面提升教学品质,合理配置课程和教材,汇聚外国教授和学者、企业客座教授和学院骨干教师,形成全面开放的国际化办学模式。国际化特征凸显了商学院培养既具有外语语言能力、专业基础理论和前沿专业技能,又具有全球化视野的专业技术高端人才的培养目标。

6.5.2　基于 AACSB 与 ACCA 认证的财务管理专业教育培养体系建设

　　围绕高端教育服务于长三角一体化以及上海国际金融中心建设,财务管理专业建设秉承商学院的使命愿景和国际化特色,致力于培养应用型高端金融财会人才,由此建立基于 AACSB 与 ACCA 的双国际认证专业教育培养体系。该体系是具有学历教育与国际认证双证融通的高水平应用型人才培养体系,引入国际一流的 ACCA 项目与传统学科教学相结合的教学模式,旨在提高学生的专业外语能力,增强国际化视野,使其能在各大型跨国公司、国际会计师事务所或证券金融等行业从事高级财务管理的工作,符合长三角经济核心区培养高端国际化人才的要求,也为高端教育教学与科研提供与国际接轨的高层次平台。

　　长三角地区的高校在启动和开展 AACSB 认证的过程中,努力建设一流、应用型、国际化双证融通的财务管理专业(见图 6.8),在教育体系中嵌入 ACCA 国际会计师权威认证,提升高素质应用型人才的培养水平。商学院针对顺利通过 ACCA F 阶段 9 门国际认证考试并且具备

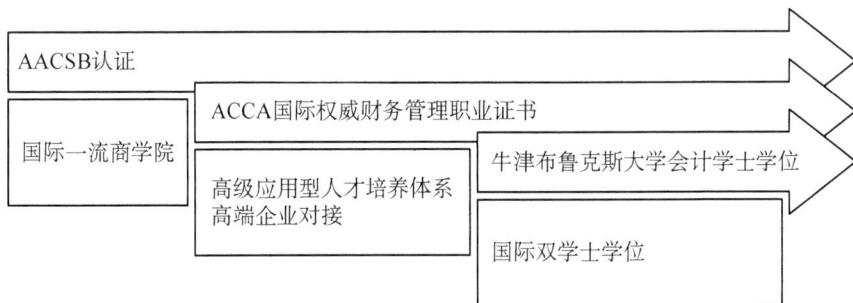

图 6.8　商学院国际权威应用型财务管理本科专业体系

CET6、TOEFL、GMAT或IELTS等英语能力资格的优秀学生,在完成职业诚信能力测试后,额外提交一份专业的研究和分析报告,完成与国外导师不少于3次的交流与辅导,并且完成一篇技能与学习陈述,可帮助他们申请获得牛津布鲁克斯大学的会计学荣誉学士学位。

基于双认证的财务管理专业坚持以"宽口径、厚基础、育意识、重案例、抓实验、求创新、突素质"为抓手,采取"理论＋案例＋实验＋实践"的四位一体教学模式,在充分考虑长三角地区地方高校生源状况的前提下,剖析长三角经济核心区金融一体化和上海国际金融中心建设中对金融财务管理人才的差异化需求。遵循商学院"成就每个学生个人未来的职业梦想"的愿景,基于双认证的财务管理专业的人才培养目标定位于:培养具有社会责任和职业道德,富有创新精神,具有国际视野,系统掌握财务管理基本方法和技术,符合会计职业需求,通晓国际惯例与规则,具备娴熟的实践能力,掌握扎实的会计理论基础与信息分析方法,擅长运用专业知识和计算机软件,能够熟练运用现代会计、财务、审计等相关领域专业知识与信息手段分析和解决实际问题的高素质、高层次、高水平的应用型财务专业人才。基于双认证的财务管理专业课程设置体系在AACSB认证体系的指导下有针对性地不断改进与完善,做到特色领先,与相关院校开展错位竞争,课程设置与教学内容上争取"人无我有,人有我优,人优我精"。长三角地区各大高校形成互补优势,具体有如下几方面。

(1)专业课程结构调整日趋合理。基于双认证的财务管理专业分三个阶段的课程,分别为基础阶段知识类课程、基础阶段技能类课程、专业阶段职业类必修选修课程。符合设计的能力培养目标和学习目标,充分体现"宽口径、厚基础、多样性、偏应用和重实践"的特征,逐步形成从"博"到"专"层次分明的课程结构体系(见图6.9)。

具体而言,基于双认证的财务管理专业课程体系按照功能可分为七大类课程,即通识教育课程、大类平台课程、专业基础课程、专业主干课程、专业方向课程、专业拓展课程及实践类课程,课程大类占比如图6.10所示。

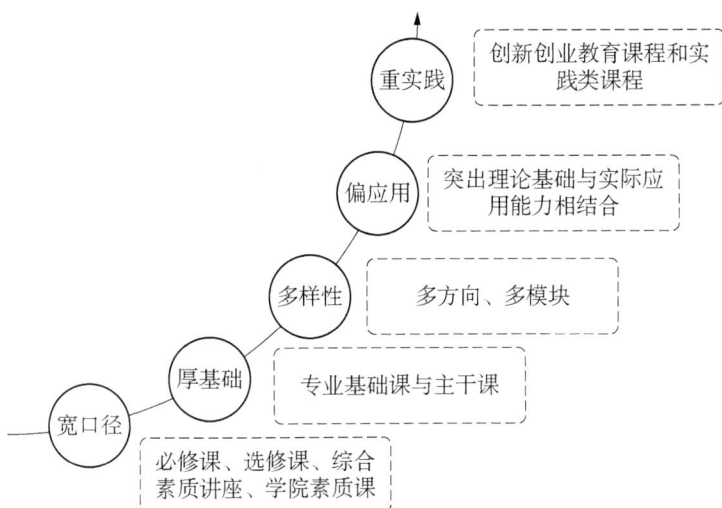

图 6.9　财务管理专业的培养方法及专业特色

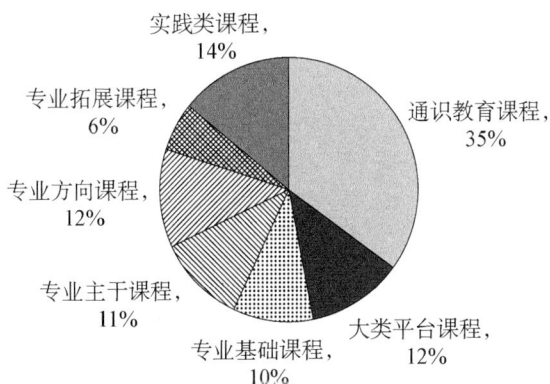

图 6.10　财务管理专业课程分类

（2）依托培训中心，构建财务专业量化软件特色课程体系。商学院还可以和一些资质优良的高端培训机构合作，如和美国 SAS 中心合作，建立了 SAS 中国高校培训发展中心和 SPSS 认证中心，逐步完善了以 SAS、Matlab 及 Python 等软件运用为特色的量化分析技能的课程体系，鼓励学生积极参加资格认证考试。学院为学生提供认证考试辅导，着力打造量化财务管理方向的专业特色。

（3）专业课程衔接 ACCA 认证。在基于双认证的财务管理专业课程设计过程中,分析国外著名院校相关专业的课程要求,借鉴国内外合作院校的财务管理类课程体系,广泛听取行业专家和学者的意见,并参考 ACCA 认证考试的内容,在教学中融入相应的应用型课程(见图 6.11)。在原本科财务管理专业教学体系的基础上融入 ACCA 课程,分为纵向①基本应用知识、②进阶应用技能和③高级专业战略 3 个阶段,从"博"到"专"循序渐进,同时并行横向 4 条专业发展方向,包括Ⅰ财务会计、Ⅱ管理会计、Ⅲ企业战略和Ⅳ法律税务,为学生提供全方位的符合行业职业发展的教育路线。专业教师作为教育的主心骨,商学院十分重视,鼓励专业教师打磨专业核心课程授课内容,开设双语和纯英语课程,充分体现财务管理专业国际化、职业性和前沿性的特征。

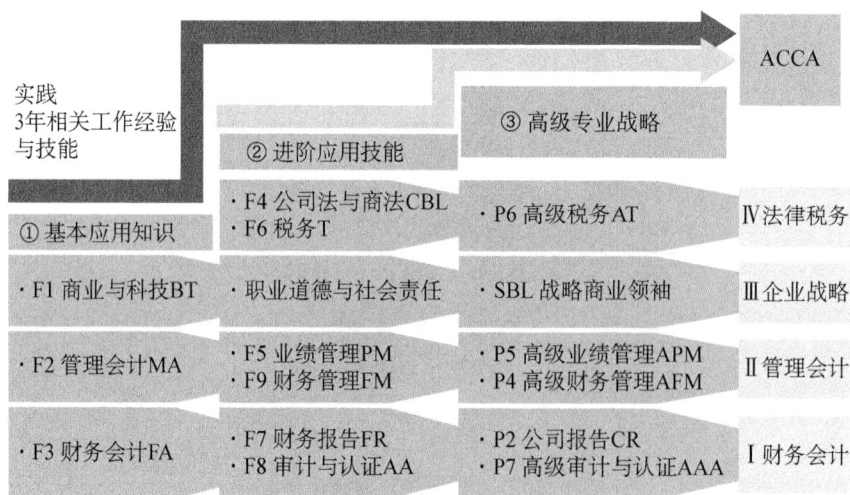

图 6.11 ACCA 财务管理课程体系设计

(4)打造高水平专业特色精品课程。长三角地区应用型高校通过建设省市级、校级精品课程,累积了丰富的课程建设经验,并充分交流与共享,使得专业学科发展具有一定的领先地位。

6.5.3 打造特色实验教学和互联网教学

为了实现应用型高水平财务技术人才的培养目标,在长三角地区高校高端人才培养框架下,突出"理论教学＋案例教学＋实验教学＋实践教学"四位一体的人才培养模式(见图 6.12),塑造鲜明的专业教学特点。以培养学生的实践能力、创新能力和提高教学质量为宗旨,以实验教学改革为核心,以高素质的实验教学队伍和完备的实验条件为保障,强调学生实践能力、创新能力的培养。商学院的实验教学中心下设管理研发中心、远程实验中心等各类专业实验室,是一个集教学功能和产学研于一体,集专业实践教学和社会服务功能于一体的实验教学平台。

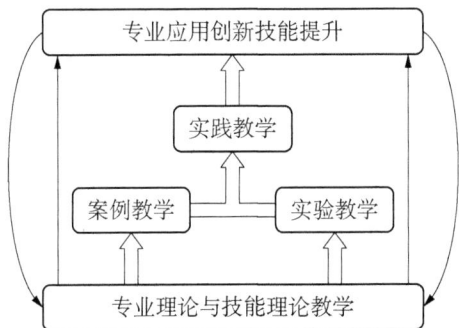

图 6.12　基于双认证的财务管理专业人才培养模式

基于双认证的财务管理专业设计开放创新的实践实验教学体系,可从"硬件设施＋网络平台＋校企共建"三个层面展开(见图 6.13),三者相互作用、相互支撑,切实保障实践实验教学的顺利进行。

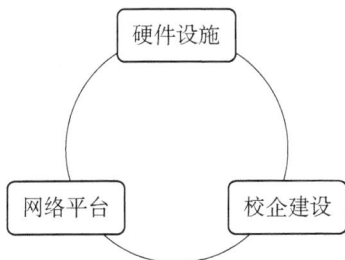

图 6.13　商学院财务管理专业实践实验教学体系

另外,建设基于双认证的财务管理专业可与合作机构开发和应用互联网教育平台作为传统课堂教学的有力补充。该平台可在线为学生提供 7×24 小时网课观看、在线练习模考、能力评估、实时直播、在线答疑等功能(见图 6.14),同时,商学院也通过互联网平台为学生提供及时的推荐实习和参与 ACCA 总部活动等服务。利用先进的互联网技术,为师生提供便捷的教学服务,同时互联网平台也能在后台收集各种互联网教学活动中的相关数据,如学生观看网课的进度和在线活跃时间、学生各知识点做题的进度与正确率、教师答疑的及时程度与好评率等,通过对这些数据的收集与分析,教师能进一步了解学生的学习情况,从而改善教学重点与难点的教授与分析,更好地与学生形成良性互动的关系。与此同时,数据也能助力学院量化考核教师与行政人员的绩效。

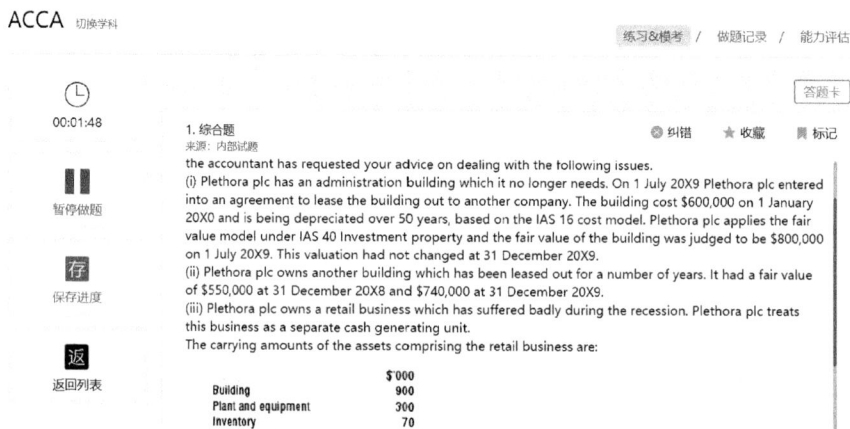

图 6.14　基于双认证的财务管理专业合作互联网教育平台

6.5.4　建立全面的财务管理本科学生过程管理

秦承建设高水平专业的目标,重视专业学生的全面管理。通过设立高标准的入学要求选拔符合专业培养目标的意向学生,为其进行详细的学习规划和全面的过程管理(见图 6.15)。商学院坚持师生互动和持续改进的原则,针对入学考核、学习规划、授业、解惑、学生考核和日常管理等进行基于双认证的财务管理专业学生的全面过程管理。

双认证的财务管理专业有别于普通专业,对英语等技能有一定要

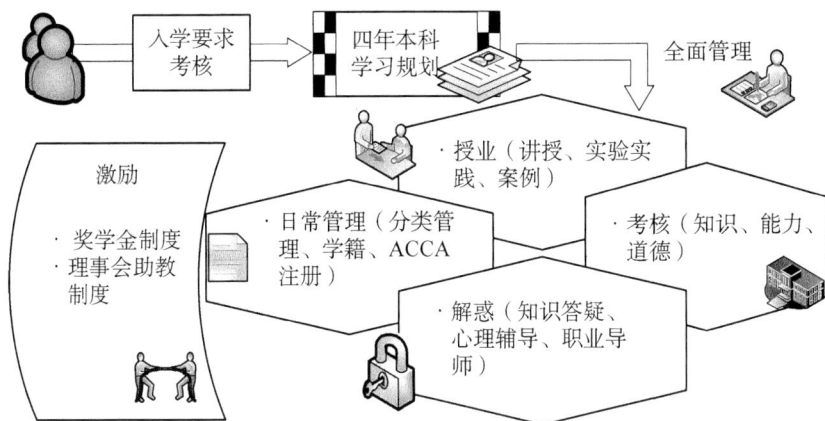

图 6.15　基于双认证的财务管理专业本科学生全面过程管理

求,商学院采用双向选择、择优录取的原则,目标学生应具备积极的学习意愿、较强的学习主观能动性和较优的自主学习能力、学习方法的认识等。在进入商学院基于双认证的财务管理专业之后,相关领导与ACCA项目专职教师团队将为每位学生提供辅导和制定双证融通应用型国际化财务管理本科专业 4 年全面的学习规划(见图 6.16)。

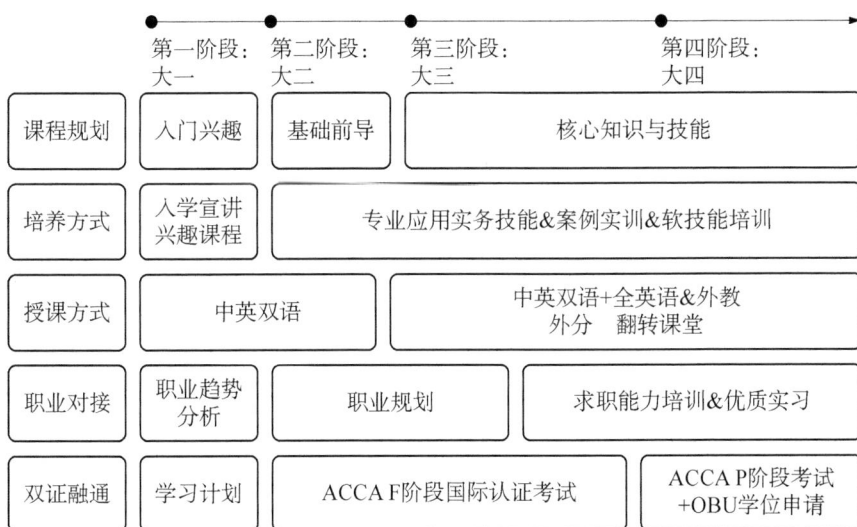

	第一阶段:大一	第二阶段:大二	第三阶段:大三	第四阶段:大四
课程规划	入门兴趣	基础前导	核心知识与技能	
培养方式	入学宣讲兴趣课程	专业应用实务技能&案例实训&软技能培训		
授课方式	中英双语	中英双语+全英语&外教外分　翻转课堂		
职业对接	职业趋势分析	职业规划	求职能力培训&优质实习	
双证融通	学习计划	ACCA F阶段国际认证考试	ACCA P阶段考试+OBU学位申请	

图 6.16　双证融通应用型国际化财务管理本科专业 4 年规划

为鼓励基于双认证的财务管理专业学生勤奋学习、积极进取、诚实守信,可特设"ACCA 优秀学生奖励项目""ACCA 全科通过奖学金""ACCA F 阶段全科奖学金"等,并根据相关政策制定公开公平的评定办法。每名奖学金获奖者将在全学院公布表彰,并获得相应证书和奖金。同时,商学院还可设立基于双认证的财务管理专业理事会助教制度,从每届学生中招募若干名优秀助教,任期两年,协助教师进行日常管理和答疑工作,并为 ACCA 学员服务,将最新的信息及时传达给每一位学员。两年的任期之后,提供基于双认证的财务管理专业理事会任职证书。

基于双认证的财务管理专业不断创新和改进学生全面管理模式,通过学风建设、社会实践、志愿者工作等形式多样的活动,全面提升学生的综合能力。长三角地区应用型高校在学生职业发展的教育上开拓创新,提高毕业生的就业率。从体系构建个性化、教学模式化多样化、教育视角国际化等几个方面进行全方位的改革,将大学生的职业素养、就业能力、创新意识及创新能力的培养贯穿学生培养和管理的全过程,全面提升学生的全球化竞争能力。

6.5.5　专业高效的教学管理制度和评估体系建设

在教学过程中,除学校层面的组织管理之外,基于双认证的财务管理专业实行院领导、系主任、专业主任、教学管理人员等多层次、多角度的管理制度。通过建立完善的教学规章制度,包括校、院两级教学督导听课制度、教学检查制度、教师中期和年度考核制度、学生网上评教制度等相关制度,强化考核、考试管理和考试、考核质量分析工作;利用毕业论文管理系统加大毕业设计(创作)、毕业论文工作监控力度,并健全教学信息的反馈处理系统,制定教学事故认定办法和处理规定等。实行该制度可对保证教学质量、维护教学秩序发挥重要作用。通过对这些方面的优化,构建一个立体监控系统,为基于双认证的财务管理专业教学质量的提高提供有效保障,并在外部资源的支持下,帮助基于双认证的财务管理专业学生完成 ACCA 注册、缴纳年费、参加全球统考,改善学生的日常管理和考核,打造高效的教学管理模式。

本章针对长三角经济核心区地方性普通高校商学院建设高水平金融财会专业教育路径进行了初步探究,提出了基于 AACSB 和 ACCA 的双认证高水平专业体系建设架构,并进行了实践探索。在全球最权威的 AACSB 认证标准体系的指导下,构建国际化财会人才的培养新途径——双证融通的培养模式,通过学历证书与职业资格证书内涵的衔接与对应,实现学历教育与职业资格培训的融通,符合国家教育发展方向,能够满足人才市场的需求,也为财务管理专业向高水平、国际化、应用型本科教育转型打开了通道。通过该体系的培养,学生不仅能熟练掌握英语的听说读写能力,还能在掌握会计学知识和财务管理理论的基础上,充分了解财务管理学科与实务的发展新动态,具有处理国内外企业专业财务业务的能力以及良好的职业道德与社会责任感。

结　语

　　本书从构建长三角经济核心区高端国际教育中心的战略机遇、战略目标以及长三角教育一体化中上海的引领作用等方面，剖析了长三角主要城市的国际影响力、高端教育行业发展以及长三角教育一体化进程中存在的突出问题，比较和借鉴了全球特大城市群高端国际教育建设的经验，对教育行业发展趋势、长三角高端职业教育建设、长三角高端国际教育区域协同、产业联动建设进行路径分析，并给出长三角经济核心区高端国际教育中心建设的政策建议。长三角经济核心区金融产业在我国占有重要地位，人才又是推动经济发展最有力的要素，因此针对长三角经济核心区地方性普通高校商学院建设高水平金融和财务专业教育路径进行了初步的探究，提出了基于 AACSB 和 ACCA 的双认证高水平专业体系建设架构。

　　长三角教育体系以形成"世界级教育大都市圈"为目标，对标世界一流湾区的教育资源配置，长三角还有很大的提升空间。在区域发展和未来空间基础上，高端教育应逐步提升基础性、国际性和创新力，实现高效的科学研发和科技转换，构建与区域产业发展相适应的教育结构。

参考文献

[1] 包水梅,杨冬.美国高校创新创业教育发展的基本特征及其启示——以麻省理工学院、斯坦福大学、百森商学院为例[J].高教探索,2016(11):62-70.

[2] 别敦荣,蒋馨岚.牛津大学的发展历程、教育理念及其启示[J].复旦教育论坛,2011,9(2):72-77.

[3] 曹洋.国家级高新技术产业园区技术创新网络研究[D].天津:天津大学,2008.

[4] 陈均土.大学生就业能力与高校的课程设置——来自美国高校的启示[J].中国高教研究,2012(3):75-78.

[5] 丁树哲.上海纽约大学:高等教育的试验田[J].国际人才交流,2019(4):44-46.

[6] 高淑桂.推进长三角教育合作、联动发展[N].社会科学报,2019-08-01.

[7] 高树昱.工程科技人才的创业能力培养机制研究[D].杭州:浙江大学,2013.

[8] 高晓清,杨希通.捐赠与美国研究型大学发展:历程、现状与启示[J].当代教育论坛,2018(4):1-9.

[9] 韩继坤.技术创新、制度创新与科技园区发展研究[D].武汉:华中科技大学,2007.

[10] 黄漫琳.人口老龄化对日本经济的影响——兼评"安倍经济学"对劳动力市场的结构性改革[J].现代商业,2016(35):175-177.

[11] 黄兴胜.近年来英国高等教育的发展特点、趋势及启示[J].世界教育信息,2019,32(7):7-13.

[12] 孔令池.以现代市场体系推进长三角更高质量一体化发展[N].经济日报,2019-02-15.

[13] 李建军.硅谷模式及其产学创新体制[D].北京:中国人民大学,2000.

[14] 李俊杰.资本市场与中国教育产业发展关系研究[D].北京:对外经济贸易大学,2018.

[15] 李猛.在研究与教育之间:美国研究型大学兴起的本科学院问题[J].北京大学教育评论,2017,15(4):2-22,185.

[16] 李薪茹.美国职业教育与产业协同发展研究[D].太原:山西大学,2017.

[17] 刘飞.中国高新技术产业园区产业服务体系发展研究[D].武汉:武汉大

学,2012.

[18] 刘志彪,孔令池.长三角区域一体化发展特征、问题及基本策略[J].安徽大学学报(哲学社会科学版),2019(3):137-147.

[19] 罗伯特·罗兹,常永才.美国创业型研究型大学存在的问题及其对中国高等教育的启示[J].高等教育研究,2011,32(8):16-25.

[20] 马茹,王宏伟.中国建设世界科技强国的SWOT分析[J].技术与创新管理,2019,4(4):457-464.

[21] 欧阳静文.欧盟高等教育外部质量保障机制研究[D].长沙:湖南大学,2016.

[22] 齐小鹏.日本高等教育国际化政策:演进与趋势[J].上海教育评估研究,2018,7(3):43-48.

[23] 秦琴.日本高等教育质量评价与保障体系:历史演进与改革方向[J].高教探索,2018(1):62-70,123.

[24] 商伟,裴桂芬.《首都圈与区域经济发展》中日国际研讨会综述[J].日本问题研究,2018,32(2):76-80.

[25] 施雨丹.21世纪以来日本高等教育的改革与发展——访日本广岛大学高等教育研究开发中心主任丸山文裕[J].世界教育信息,2016,29(13):3-8.

[26] 石丽.中国高等教育与产业结构协调性研究:机理、测度与效应[D].南京:南京航空航天大学,2017.

[27] 孙传春.博洛尼亚进程中的欧洲高等教育政策调整[D].上海:上海交通大学,2008.

[28] 土屋基规,鲍良.现代日本的高等教育改革——为了进一步提高高等教育的质量[J].国家教育行政学院学报,2005(10):23-28.

[29] 王翠环.欧美高等工程教育对产业发展的适应与引领机制研究[D].郑州:郑州大学,2017.

[30] 王泽宇.英国下议院通过《高等教育及科研法案》[J].世界教育信息,2016,29(18):73-74.

[31] 熊岚.英国学生事务办公室正式成立运行[J].世界教育信息,2018,31(4):75.

[32] 阎东彬,范玉凤,陈雪.美国城市群空间布局优化及对京津冀城市群的借鉴[J].宏观经济研究,2017(6):114-120.

[33] 尹鹏,姜洪.知识经济背景下我国城市创新型产业集聚空间的转型发展研究[J].中国名城,2018(5):30-35.

[34] 俞凯华.基于产业集群的高新区发展导向研究[D].杭州:浙江大学,2006.

[35] 于丹,吴军凯,孙慧峰等.基于BOPPPS教学模式的中药鉴定学线上线下混合教学实践探讨[J].中国医药导报,2020,17(28):75-78.

[36] 袁本涛.教育新生:面向未来的日本高等教育改革[J].清华大学教育研究,2002(2):28-36.

[37] 张洁,李志能.硅谷和剑桥两大高科技园区成败探因[J].外国经济与管理,2000(4):38-42.

［38］张韶衡.杭报集团华媒控股：传媒融合教育打造大文化＋新生态［J］.中国记者,2018(11)：111－113.

［39］朱佳妮.搭乘欧洲高等教育一体化快车？——"博洛尼亚进程"对德国高等教育的影响［J］.清华大学教育研究,2014,35(6)：66－74.

［40］BERGSMANN E, SCHULTES M T, WINTER P, et al. Evaluation of competence-based teaching in higher education：from theory to practice［J］. Eval program plan, 2015,52(10)：1－9.

［41］CHATTERJI A K. Innovation and American K12 education［J］. NBER Innovation Policy & the Economy (University of Chicago Press), 2018,1(18)：27－51.

［42］DJOUNDOURIAN S S. Assessment of learning in business education：standardized or homegrown?［J］. Journal of Education for Business. 2017,5 (92)：238－244.

［43］JANVRIN D J, WEIDENMIER W. "Big data"：a new twist to accounting［J］. Journal of Accounting Education, 2017(38)：3－8.

［44］KOEPPEN K, HARTIG J, KLIEME E, et al. Current issuesin competence modeling and assessment［J］. Zeitschrift für psychologie, 2008, 216 (2)：61－73.

［45］Li Z. Research on key problems in construction and implementation of AOL system from perspective of AACSB certification［J］. Advances in Social Science Education and Humanities Research, 2018(181)：78－81.

［46］PAT M, GABY W. Neo-liberalism and the state of higher education in the UK ［J］. Journal of Further & Higher Education, 2019,4(43)：560－572.

［47］POLIMENI R S, BURKE J A. Accounting for faculty sufficiency and qualification indicators for AACSB international's accounting and/or business accreditation［J］. Journal of the Academy of Business Education, 2018(19)：106－117.

［48］REXEISEN R J, OWENS E L, GARRISON M J. Lean six sigma and assurance of learning：challenges and opportunities［J］. Journal of Education for Business, 2018,5(93)：260－266.

［49］SERGIY Y. Organizing the education process in France：the experience of regional institute of social work Aquitaine, Bordeaux［J］. Comparative Professional Pedagogy, 2019,1(9)：81－87.

［50］SZADZIEWSKA A, KUJAWSKI J. Knowledge of the ACCA qualifications among the students of the accredited postgraduate studies［C］. International Technology, Education and Development Conference, 2017：6858－6872.

索　引